S0-BOL-522

Conoce tus sentimientos, mejora tus relaciones

JOHN GRAY

Conoce tus sentimientos, mejora tus relaciones

UNA GUÍA PARA ENRIQUECER LAS RELACIONES PERSONALES

Traducción de
Guillermo Solana

PLAZA & JANÉS EDITORES, S.A.

Título original: *What You Feel You Can Heal*

Primera edición: mayo, 2002

© 1984, John Gray
Publicado originalmente por Heart Publishing Co., Mill Valley, CA.
Reservados todos los derechos
Publicado por acuerdo con Linda Michaels Limited, Internacional Literary Agents
© de la traducción: Guillermo Solana Alonso
© 2002, Grupo Editorial Random House Mondadori, S. L.
Travessera de Gràcia, 47-49. 08021 Barcelona

Printed in Spain – Impreso en España

ISBN: 84-01-37800-1
Depósito legal: B. 22.477 - 2002

Fotocomposición: Comptex & Ass., S. L.

Impreso en A & M Gràfic, S. L.
Santa Perpètua de Mogoda (Barcelona)

L 378001

*A aquellos seres fuertes que,
dispuestos a sentir y abrir sus corazones,
crean un mundo mejor para todos nosotros*

ÍNDICE

PRÓLOGO

Todos necesitamos amar y ser amados, pero la satisfacción de esta necesidad primaria puede ser uno de los retos más grandes de la vida. Para el mantenimiento de la salud psicológica resulta imprescindible la creación de relaciones afectuosas y duraderas. Pero hacen falta algo más que unas buenas intenciones con el fin de encontrar y conservar unas relaciones afectivas; se requiere destreza, práctica y el compromiso de desarrollarse.

Para otorgar y recibir amor hemos de aprender a dar sin expectativas y a recibir sin exigencias. Este amor incondicional no es simplemente un ideal sino algo realizable a través de la práctica. El secreto del logro de esta destreza estriba en aprender a quererse a uno mismo. Al crecer su afecto por su persona, aumentarán automáticamente su capacidad de dar y recibir amor.

El amor incondicional se torna realidad cuando nuestros corazones se hallan colmados y rebosantes. Es fácil querer incondicionalmente si nos sentimos positivos y amados por otros. Por el contrario, se vuelve difícil si nos sentimos negativos y desdeñados. En tales ocasiones, cuando sea difícil obtener amor y apoyo del exterior, debemos volvernos y entregarnos a nosotros mismos. Entonces, al descubrirnos íntimamente a gusto, resultará más fácil no solo dar sino también comunicar y tratar de conseguir la satisfacción de nuestros propios deseos y necesidades. Nos convertiremos en un imán que atraerá más apoyo.

Conoce tus sentimientos, mejora tus relaciones muestra claramente el modo en que unas emociones negativas e irresueltas del pasado limitan nuestra capacidad de amar a otros y a nosotros mismos. Aprendiendo a sentir y a expresar los sentimientos ocultos empezaremos a amar y aceptar partes de nosotros que se perdieron el pasado. No es preciso que seamos prisioneros del mismo; podemos liberarnos para compartir la riqueza de lo que verdaderamente somos y recibir el respaldo y el reconocimiento que merecemos. Este libro nos anima a ser más cordiales con nosotros mismos y a crear unas relaciones afectuosas y duraderas.

En esta obra sencilla y útil aprenderá técnicas prácticas para enriquecer sus relaciones con un amor, una comunicación y una cooperación mayores. Pero sobre todo aprenderá a quererse a sí mismo, que es el amor mayor de todos.

Doctor Harold H. Bloomfield,
autor de *Lifemates*

AGRADECIMIENTOS

Deseo expresar mi más profunda gratitud a:

Bonnie Gray, mi esposa y compañera, por su ayuda afectuosa y abnegada que siempre me alza cada vez a mayor altura.

Barbara DeAngelis, cuya presencia afectuosa y pericia editorial me ayudaron considerablemente a escribir este libro.

Tamira Langton, por la constancia de su cariño y su fe en mí y en todo lo que he escrito en las siguientes páginas.

Linda Lawson, por su comprensión y por la aplicación de estas técnicas como directora del HEART Counseling Center.

Merril Jacobs, por su respaldo cordial a mi capacidad artística y su concienzuda lectura de las pruebas de este texto.

Helen Drake, por su consumada pericia editorial.

Robert Herstek, por su dedicación, responsabilidad y sorprendente destreza en la integración y publicación de esta obra.

Bob Hoffman y *Connie Berens*, por sus esfuerzos diligentes y generosos en la producción de este libro.

Los miles de graduados de mis seminarios, por el ejercicio de las técnicas del Corazón, por la demostración de su validez práctica y por darme la confianza precisa para desarrollar el Modelo del Corazón.

y especialmente a Virginia Gray, mi madre.

Te quiero,

J. G.

INTRODUCCIÓN

Conoce tus sentimientos, mejora tus relaciones fue publicado por vez primera hace catorce años y desde entonces miles de relaciones han resultado espectacularmente mejoradas y enriquecidas. En repetidas ocasiones he recibido cartas y llamadas telefónicas de quienes afirmaban que sus matrimonios se habían salvado o habían mejorado de manera extraordinaria las relaciones con sus padres o sus hijos. Terapeutas, consejeros matrimoniales y profesores lo recomiendan habitualmente. Esa clase de testimonios y los comentarios difundidos han hecho de este libro un eterno bestseller.

Los conocimientos prácticos, las herramientas y las técnicas presentadas en *Conoce tus sentimientos, mejora tus relaciones* cambian las vidas en cuestión de días y siguen siendo útiles durante años. En este libro usted no sólo aprenderá el modo de que perduren el amor y la intimidad sino también el de quererse a sí mismo y mejorar todas sus relaciones.

Cuando comenzamos a amar a alguien solemos alentar grandes esperanzas. Sin embargo poco a poco decrece la pasión y perdemos el contacto con nuestros buenos sentimientos o simplemente nos entumecemos. Aunque no deseemos poner fin a nuestras relaciones, no parece existir otra opción.

Por fortuna existe, no obstante, un remedio si llegamos a entender el modo de curar los sentimientos. No es necesario recurrir a una nueva pareja para que revivan. Por lo general, el amor «perdido» está tan solo enterrado. Puede descubrirse. A lo largo de este libro descubrirá modos prácticos de encontrar sus sentimientos y experimentar de nuevo el amor.

No basta con la intención de querer; es necesario aprender nuevas estrategias para abordar nuestros sentimientos. El reto de las relaciones estriba en permanecer en contacto con nuestros sentimientos afectuosos sin rechazar los dolorosos o difíciles que emergen de vez en cuando.

Desde que escribí *Conoce tus sentimientos, mejora tus relaciones* he descubierto también los medios singulares por los que hombres y mujeres experimentan y expresan sus sentimientos. En muchos aspectos hablamos lenguajes distintos y reaccionamos como si fuéramos de planetas diferentes. Aporté esos conocimientos a mi libro *Los hombres son de Marte, las mujeres de Venus*. Sin duda existen conflictos, y la base para hallar una solución y establecer la paz con el otro sexo consiste en transformar hábilmente los sentimientos negativos en positivos.

Muchos hombres tienden a abordar los sentimientos a través de una reflexión inicial mientras que numerosas mujeres prefieren manifestarlos mediante su expresión en voz alta. Es posible resolver este conflicto fundamental empleando la Técnica de la carta de amor descrita en el capítulo 8. Resulta especialmente útil para que las mujeres aborden sus sentimientos en las ocasiones en que sus parejas no deseen manifestarlos y carezcan de otra persona con quien explayarse. Cuando una mujer ha de aguardar largo tiempo para hablar de sus sentimientos, experimenta frustración y en el momento en que los exprese se sentirá tan trastornada que el hombre no podrá escuchar sin sentirse censurado, objeto de desconfianza o agredido (muchos varones reaccionan también de ese modo).

Recomiendo que los hombres empleen la Técnica de la carta de amor en aquellas ocasiones en que la reflexión acerca de lo que les preocupa no logre que vuelvan a experimentar sus sentimientos de afecto. Personalmente utilizo esta técnica siempre que me encuentro resentido o molesto con algo. Tras explorar mis sentimientos, soy capaz de referirme a la cuestión de un modo más centrado y sosegado.

Los sentimientos poseen una gran fuerza. Nos acercan y crean intimidad, o pueden ser dolorosos y apartarnos todavía más de nuestra pareja. Es importante que no «arrojemos» sentimientos contra nuestra pareja, sino que aprendamos a compartirlos de un modo que no agravie ni hiera. Por esta razón, resulta a veces útil expresarlos por escrito en su propio beneficio y luego desecharlos, mientras que en otras ocasiones quizá le convenga compartir sus cartas. Si estima que su pareja se sentirá censurada o agraviada, mejor será que no le enseñe tales misivas.

Además de la Técnica de la carta de amor descrita en el capítulo 8, le sugiero que tras escribir lo que quisiera decir a su pareja si esta pudiese oírle, redacte una carta para sí mismo diciéndose lo que le gustaría oír como respuesta. Esta pequeña adición produce grandes beneficios.

A lo largo de este libro conseguirá un nuevo saber que le permitirá dominar sus emociones y sentimientos. Ya no le controlarán ni le parecerán extraños. Aprenderá sobre todo la importancia de experimentar cómo cobran vida sus auténticas reacciones y el modo en que le curan y desembarazan de la influencia acuciante de cualquier experiencia negativa. No tiene por qué preservar los agravios pasados. Si de un modo sistemático se abre a sus sentimientos, conocerá verdaderamente lo que puede curarle.

Confío en que la presente obra le ayude a enriquecer sus relaciones con un afecto, una comunicación y cooperación superiores y le colmen de la paz que merece.

Doctor JOHN GRAY
1 de enero de 1994

1

Amor: la necesidad crucial

Como seres humanos, somos increíblemente complejos y poseemos un inagotable caudal de necesidades físicas, emocionales, mentales y espirituales que es preciso satisfacer. La frustración en cualquiera de esos niveles puede provocar sufrimientos en todo el ser. Existe una necesidad tan fundamental y esencial que, de no ser atendida, determinará el fracaso de todo lo demás o la imposibilidad de llegar a realizarse plenamente. Se trata de la necesidad de amar: querer a otros y quererse a uno mismo.

La necesidad de amor supera a los demás empeños.

La causa principal de la insatisfacción y la frustración humanas es la ausencia de amor. Esta necesidad fundamental supera a todas las demás. Sin amor, jamás conseguirá sentirse realmente colmado. Es la base de la seguridad sobre la que constituir una vida lograda. Por muchas cosas que posea, no podrá disfrutarlo por completo a no ser que se quiera a sí mismo y lo comparta con las personas que le interesan. Por mucho que haga o adquiera en la vida, jamás logrará reemplazar a su necesidad básica de amor.

Esencialmente se trata de reconocer que su mayor problema estriba en la incapacidad de satisfacer su necesidad de amar, lo cual acabará por crearle todo género de dificultades.

Esa necesidad de amor parte a su vez de su necesidad de que-

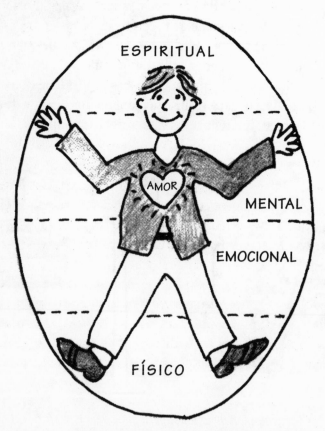

Sin amor, fallará todo lo demás.

*Cada persona posee cualidades singulares
que la hacen especial.*

rerse a sí mismo. Cuando no es capaz de quererse a sí mismo, a los demás también les resultará muy difícil quererle. El amor a uno mismo es esencial para recibir el amor que usted busca y merece.

Cada uno de nosotros nace con un valor único y especial. No hay nadie que pueda aventajarle. Usted tiene un puesto especial en este universo y una parte de su proceso de desarrollo consiste en descubrir cuál es ese lugar, averiguar lo que puede brindarle, lo que ha de hacer allí y luego realizarlo. Ese descubrimiento le colmará plenamente y proporcionará nueva vida a la esencia de su ser. La única manera de llevar a cabo semejante tarea consiste en dejar de ocultar quién es usted en realidad y comenzar a aceptarse y a quererse a sí mismo tal como es.

Lo que el mundo ahora necesita es amor, dulce amor...

MÚSICA ...

No estaría leyendo este libro si no se quisiese. Una parte de usted se ama lo suficiente para decirse: «Merezco más amor y estoy resuelto a conseguirlo. Tal vez me ayudará este libro». Al menos no ha renunciado.

Lea el siguiente cuestionario:

P: ¿Por qué le disgusta que algunas personas no le aprecien?
R: Porque considera que merece ser apreciado.
P: ¿Por qué viste bien?
R: Porque quiere agradar a los demás.
P: ¿Por qué desea que otros le quieran?
R: Porque considera que lo merece.

¡Pues claro que merezco que me quieran!

En el fondo de sí mismo, desea el cariño, el aprecio y la aceptación de otras personas porque cree merecerlos. Pero, como la mayoría de los seres humanos, probablemente ha perdido contacto con ese sentimiento de amor hacia sí mismo que poseía de pequeño.

Lo que sucede cuando se quiere a sí mismo

Cuando uno se quiere a sí mismo en presencia de otros, es capaz de expresar sus dotes y talentos íntimos sin temor ni limitación. Cuanto más se quiera, más aflorarán. Cuanto más emerjan, más fácil resultará a los demás apreciar su auténtico yo y no la imagen que proyecta o la máscara que luce. Cuantas más sean las personas que le aprecien y quieran, más podrá amarse a sí mismo. Es un ciclo en crecimiento de amor y verdadera expresión de sí mismo.

**Me quiero más
Me expreso más
Los otros pueden amarme más
Me quiero más
etcétera.**

Si no se quiere a sí mismo y enmascara su auténtico ser, el proceso se invierte produciéndose una pérdida de amor y de auténtica expresión de sí mismo.

**Quiero menos a mi auténtico ser
Expreso menos mi auténtico ser (llevo una máscara)
Los otros pueden amar menos a mi auténtico ser
Quiero menos a mi auténtico ser
etcétera.**

Cuando comienza a quererse más, es capaz de expresar en mayor medida sus dotes y talentos íntimos y de permitir que los otros le quieran más.

El amor a sí mismo le proporciona la capacidad de querer a otros.

El mundo es como un espejo que nos muestra el reflejo
de lo que somos.

El amor a uno mismo nos proporciona también la capacidad de querer y apreciar más a otros. El mundo se convierte en un lugar diferente. Para cada uno, el mundo es como un gran espejo que nos muestra un reflejo de lo que somos. Vemos el mundo a través de cristales de distintos colores, determinados por nuestros sentimientos hacia nosotros mismos.

Las personas que odian al mundo se odian a sí mismas.

Las personas que odian al mundo se odian a sí mismas. En muchas ocasiones, cuando censura a otros, es en realidad una parte de sí mismo lo que ve y le desagrada. Aprender a amarse y a ser uno mismo constituye el primer paso en el aprendizaje para aceptar, valorar y querer a otros y enriquecer sus relaciones.

Para iniciar su viaje de retorno hacia el amor a sí mismo, observemos el punto en que empezó todo...

Dónde comenzó todo

Usted nació con unas reservas infinitas de amor a sí mismo. Se trata de una cualidad infundida de modo natural en cualquier bebé. ¿Ha conocido alguna vez a un niño que no desease cariño y atención y no protestara si no recibía su cuota? ¿Puede siquiera imaginar a un bebé que diga, quejoso: «Déjame en paz. Me ahogas con tu cariño»?

De pequeños, todos nos queremos y aceptamos. Solo después, de adultos, tememos revelarlo e incluso reconocerlo. Hemos aprendido que puede ser peligroso amarnos en presencia de otras personas y que es mucho más prudente ocultar el amor hacia nosotros mismos.

He descubierto la existencia de cinco mensajes inconscientes que recibimos cuando nos desarrollamos y que son capaces de impedir que nos queramos durante el resto de la existencia. Hemos sido condicionados de cinco modos básicos para no querernos. Estos mensajes son:

1. **No es normal apreciarse a sí mismo**
2. **No es normal desear para sí**
3. **No es normal ser uno mismo**
4. **No es normal cometer errores**
5. **No es normal expresarse**

Quererse a sí mismo puede ser peligroso.

1. Es normal apreciarse a sí mismo

Desde su niñez le enseñaron que no está bien quererse y apreciarse. Aprendió que el aprecio hacia sí mismo constituye una muestra de vanidad y que la vanidad no es conveniente. Aprendió que era peligroso revelar cuánto se quería realmente porque los demás le criticarían.

Imagine que llega a una fiesta y alguien se acerca para decirle: «Vaya, estás magnífico». Si usted respondiera, asintiendo, «Lo sé, esta noche tengo un aspecto espléndido», quizá el otro se alejaría, pensando que su comportamiento resulta extraño. En nuestra sociedad aprendemos que cuando uno se quiere a sí mismo abiertamente, otros pueden acusarle de egocentrismo y presunción, rechazándolo.

En su afán por conseguir cariño y apoyo, aprende a ocultar el amor a sí mismo y es incluso posible que se acostumbre a restarse importancia. Poco a poco empieza a dar crédito a su propia actitud y el amor a sí mismo queda reprimido y olvidado.

Probablemente le han enseñado que no gustará a otras personas si se gusta demasiado.

Aprendemos muy pronto a sentirnos culpables de nuestros deseos.

2. Es normal desear para sí

Mientras crece, aprende muy pronto que el mundo no fue creado solo para usted y que no puede conseguir todo lo que pretende. Los demás logran que se sienta egoísta y malo cuando desea más de lo que tiene. En un intento por ser bueno y aceptable, trata de suprimir sus anhelos y como resultado es posible que se convierta en una especie de robot, actuando en función de los deseos de otros para obtener su aceptación y cariño. Puede que incluso se sienta culpable a propósito de sus sueños y anhelos, por considerarlos «egoístas».

3. Es normal ser uno mismo

Con frecuencia los niños captan el mensaje de que para conseguir amor han de «ganarlo» o pagarlo. Llegan a la conclusión de que su valía no radica en sí mismo, sino en otra cosa, su apariencia, sus acciones, su éxito o su capacidad para hacer lo que se espera de usted. Si en la niñez ha experimentado el amor como algo que le dan o le quitan, tal vez decidió que su valía y su bondad dependían de su capacidad para complacer a otras personas y realizar lo que les agradase. Su propia estimación se convierte en algo fundado en el grado en que complace a otros siendo «bueno».

Mientras crecía, probablemente aprendió que para conseguir amor hay que pagarlo.

*Como no es perfecto, creerá que no merece tal aprobación
y poco a poco empezará a desconfiar del amor.*

4. Es normal cometer errores

Cualquier niño capta rápidamente la realidad del amor condicional: cuando acertamos, ganamos y cuando nos equivocamos y cometemos errores, perdemos el amor.

En el otro extremo se encuentra el pequeño cuyos padres trataron de otorgarle un cariño sin condiciones. Cuando se comportaba mal, cuando rendía poco o se sentía malhumorado, quizá sus padres ignoraron el problema o los errores, pretendiendo que todo iba sobre ruedas. Como resultado, percibió inconscientemente su desaprobación o resentimiento, pero jamás tuvo la oportunidad de ser perdonado. En ambos casos, sabe que no es perfecto y considera que no merece la aprobación que se le otorgue. Aprende a desconfiar de la aprobación de otros y también a temer su desaprobación.

5. Es normal expresarse

El resultado de su necesidad de complacer a sus padres y compañeros con el objeto de lograr su cariño es la pérdida de la espontaneidad en la expresión de sí mismo. Comienza a obsesionarle llegar a ser como otras personas y pierde la oportunidad de explorar y expresar su propia singularidad.

Cuando reprime su potencial interno, vive con una sensación de frustración y fracaso íntimos porque ha enterrado su capacidad para el éxito. Una parte de usted desea expresarse, pero otra pretende el amor y la aceptación, por lo que sacrificará la expresión de sí mismo para conseguirlos.

Algunas personas tienen miedo de triunfar y, en consecuencia, entierran su potencial.

Si no es capaz de quererse a sí mismo, perderá la capacidad de recibir verdaderamente cariño de los demás.

Aprenda a confiar en el amor

Todo este acondicionamiento para no ser «uno mismo» con el fin de conseguir amor tiene un desenlace lamentable: pierde verdaderamente la capacidad de recibir el afecto de otros. Si una parte de usted oculta quién es, no expresándose plenamente o si trata de ser como otros, no podrá confiar en el cariño y el aprecio que obtenga de las personas a las que tanto se esfuerza por satisfacer. Cuando otros le expresen su amor, una vocecita interior le advertirá: «Sí, claro, no declararían eso si en realidad supieran cómo soy». Se empeña en agradar a otros, sabiendo en todo momento que su «auténtico yo» no emerge y eso le impide complacerse en la aprobación que reciba.

En el capítulo siguiente exploraremos las diversas maneras en que puede esconderse.

2

¿Cómo se esconde?

El resultado de su tentativa de sentirse querido y complacer a otros es que, como la mayoría de las personas, ha aprendido y adoptado diversas estrategias de la conducta concebidas para lograr la aprobación y el amor que necesita. Tales estrategias se convierten en una especie de papeles que interpreta o en clases de personalidad que exhibe, tanto consciente como inconscientemente.

Este capítulo contiene una lista de algunos de los ejemplos más corrientes de tipos de personalidad que puede usted manifestar. Tal vez advierta descrita en algunos o en todos una parte de sí mismo. Respecto de cada categoría, hallará asimismo unas cuantas indicaciones sobre el modo de desembarazarse de esos papeles y comenzar a expresar el auténtico yo que está encerrado dentro. Tales recomendaciones distan de ser excluyentes. En capítulos posteriores encontrará técnicas potentes y prácticas para amar más a los otros y a usted mismo.

1. El realizador

Esta persona recibió en su niñez muchísimo cariño por sobresalir en todo cuanto hacía. El rendimiento era la condición asumida para la obtención del amor y el reconocimiento. Siempre trata de colocarse a la altura de las expectativas de los demás y en muchas ocasiones se impone otras todavía más elevadas. En todo momento se siente acuciada e impulsada al logro, sin tiempo para descansar. No tolera la debilidad o la estupidez en sí misma o en otros y suele mostrarse muy crítica.

El realizador se siente acuciado a satisfacer las expectativas. No conoce el descanso; se considera impulsado a la acción y el logro.

Bueno, dijiste que querías un sitio donde no hubiera teléfono.

Primera clase

El realizador necesita relajarse más y descubrir que puede ser amado aunque no esté haciendo nada.

En secreto, el realizador considera que nunca conseguirá ser bastante bueno, puesto que siempre hay espacio para un mayor desarrollo. Este tipo puede tornarse muy dependiente de ciertas personas y posiciones, ya que su conducta se halla motivada por un temor soterrado al rechazo o el abandono. Por lo general, se considera responsable de todo.

El realizador necesita relajarse más y descubrir que puede ser amado aunque no esté haciendo nada. Concédase más vacaciones y lea novelas románticas. Haga una pausa y piense en la hipertensión.

2. El crítico

El crítico está obsesionado por encontrar, señalar y comentar faltas en los demás. Le encanta censurar y menospreciar a quienes tiene alrededor. Es posible que odie una parte de sí mismo y que proyecte esa cualidad en otros, mostrándose entonces extremadamente crítico con ellos. Siempre que siente miedo a ser juzgado, reacciona con una sarta de juicios a menudo de naturaleza sarcástica. Para él la mejor defensa consiste en una ofensiva intensa y crítica.

El crítico se afana siempre en cambiar o incluso en castigar a otros como una tentativa inconsciente por cambiarse a sí mismo. Es capaz de aliviar sus propias sensaciones de insuficiencia poniendo de relieve los defectos de los demás.

Si posee estos rasgos, trate de verse en todos aquellos a quienes juzga y critica. Póngase en su lugar, busque algún aspecto en que se les asemeje. Luego perdónese y perdóneles por la falta de perfección. De la misma manera que posee una habilidad para hallar razones de marginación, trate de encontrar motivos para sentirse unido a otros.

¡Odio a mi madre! Era tan odiosa. ¡Jamás seré como ella!

MAMÁ

Lo que el crítico odia de sí mismo, lo encontrará
y criticará en otros.

3. El jactancioso

Esta persona compensa la escasa estimación que tiene de sí misma con la exageración de la verdad y la presunción. Cuando crecía, aprendió que para llamar la atención tenía que dramatizar y agrandar la verdad. El jactancioso no miente de una manera deliberada, sino que actúa instintivamente. Aunque la auténtica realidad sea merecedora de atención, ha de exagerarla.

En el fondo de sí mismo, el jactancioso considera que no tiene

El jactancioso ha aprendido a llamar la atención mediante la dramatización y la exageración de la verdad.

talla suficiente para merecer el cariño y la atención. Cree que la verdad nunca le permitirá obtener el reconocimiento que necesita a sus propios ojos y los de los demás, así que desorbita la realidad.

El jactancioso debe esforzarse por ser preciso en cuanto diga y aprender que los otros seguirán queriéndole.

El jactancioso nunca puede confiar en el amor de los demás, porque interiormente sabe que está mintiendo. Cuanto más se le acercan otros, más reservado y a la defensiva se muestra. Y cuanto más se jacta, menos confía en la atención y el aprecio que obtiene.

El jactancioso debe esforzarse por ser muy preciso en cuanto diga. Ha de hallar a alguien que verdaderamente se interese por él y compartir con esa persona todas las mentiras y presunciones que sea capaz de recordar, hasta advertir que puede ser querido por lo que verdaderamente es. El jactancioso tiene que aprender a confiar de nuevo, tanto en sí mismo como en los demás. Necesita una información consecuente y sincera sobre sus acciones. No le beneficiará si extrema con él su tolerancia.

Siempre que a una víctima le suceda algo malo, puede tener la seguridad de que su relato de lo acaecido será extenso.

4. La víctima

Por lo general, esta persona sufrió un profundo daño a una edad temprana y obtuvo una extraordinaria simpatía. La víctima se considera indigna de amor y apoyo si antes no ha sufrido un revés o una tragedia considerables, o al menos si no refiere una desventura pasada. Siempre que a una víctima le suceda algo malo, puede tener la seguridad de que su relato de lo acaecido será extenso. Pero mucho cuidado: cuando consiga una dosis considerable de cariño, atención y simpatía por referir sus historias de víctima, está reforzando la pauta de obtención de amor a través de la experimentación y la manifestación de dolor y sufrimiento. Y si sus relatos son ya viejos y necesita algo de amor, creará una tragedia nueva y grande. Es posible que incluso enferme como recurso para obtener más cariño.

La víctima suele sentirse impotente en la vida y trata de dominar a los demás, haciendo que se sientan culpables. Se niega a asumir la responsabilidad de su existencia mientras que otros, de un modo inconsciente, se ven impulsados a complacerla y lograr que se sienta feliz. La víctima debe aprender a desarrollar su propio poder personal, asumiendo la responsabilidad de su vida. Ha de eliminar su rabia almacenada y contenida y ejercitarse en perdonar a otros.

Las víctimas tienen que aprender a desarrollar su capacidad de asumir la responsabilidad, expresando su rabia y luego su perdón.

La persona encantadora siempre hace lo que «debe» hacer y ha perdido la noción de lo que quiere realmente.

5. La persona encantadora

Este individuo se muestra siempre de buen humor, cordial y solícito. Es un buen amigo y en general suele contar con gran número de amistades y conocidos. La persona encantadora aprendió en una fase muy temprana de su vida que la sumisión aporta una recompensa, una sonrisa o un abrazo. Se somete a cada regla y cada norma con una precisión mecánica. Siempre hace lo que «debe» hacer mostrándose dispuesto a complacer a cualquiera y diciendo «sí» a todo el mundo. La persona encantadora jamás se enfada; por el contrario, aprende a aceptar cualquier situación, adaptándose a las circunstancias. Nunca rompe la baraja.

A primera vista, la persona encantadora es feliz y se halla satisfecha de formar parte del grupo, pero íntimamente se siente vacía y solitaria. Tiene miedo de ser ella misma, porque hacer lo que quisiera supondría correr el riesgo de la desaprobación. En consecuencia, ha perdido el contacto con lo que en realidad quiere y lo que en verdad es. Lo ha hecho todo bien y de acuerdo con las normas, pero por dentro se siente controlada y burlada, inerte y aburrida.

La persona encantadora se encuentra atrapada; nunca puede abrirse bastante a los demás, porque averiguarían que no es en realidad tan encantadora. Al proceder de ese modo, ha suprimido su propia y especial singularidad, convirtiéndose en una persona inexistente.

La persona encantadora necesita ejercitarse en decir «no» y sentirlo así. Tiene que aprender a expresar su rabia. Debe correr el riesgo de mostrar a la persona no tan encantadora que lleva dentro y advertir que otros no solo seguirán queriéndola, sino que tal vez se sientan más cerca de ella por ser más auténtica.

La persona encantadora necesita ejercitarse en decir «no» y sentirlo así.

El infalible jamás puede reconocer que se ha equivocado, porque confesar sus errores podría significar la pérdida de cariño.

6. El infalible

Esta persona ha aprendido que si se equivoca, la gente no le querrá y le considerará mal. Para lograr amor, trata de acertar a cualquier precio. Jamás puede reconocer que se ha equivocado, porque confesar sus errores podría significar la pérdida de cariño y eso le resultaría muy doloroso. El infalible trata a menudo de denunciar un fallo en los demás y de proclamar que acierta. Dispone de una excusa racional para todo lo que realiza. Es incluso posible que llegue a ser un buen profesor. Pero no trate de discutir con el infalible, porque le soltará toda una conferencia para explicarle por qué usted se equivoca y él no.

El infalible tiene que iniciar la práctica de decir «lo siento» siempre que cometa un error, aunque disponga de una gran excusa. La racionalización y la justificación son los medios favoritos de soslayar los sentimientos, sobre todo el de culpa. Esa persona necesita aprender que otros le querrán, aunque se equivoque o cometa un fallo.

El infalible tiene que iniciar la práctica de decir «lo siento», siempre que cometa un error.

El iracundo se siente estafado por la vida
y trata continuamente de vengarse.

7. El iracundo

Esta clase de personas se muestran siempre dispuestas al enfado. La ira constituye para ellas una protección; es un bramido con que ahuyentar a la adversidad. El iracundo siente una íntima incapacidad y siempre trata de protegerse. Para compensar esa sensación de insuficiencia, se niega a considerarse satisfecho con el mundo exterior. Nada puede complacerle. Proyecta hacia todas partes su propia incapacidad y por tanto se revela frustrado y amargado.

El iracundo se siente estafado por la vida y trata continuamente de vengarse. Se irrita al instante y recuerda cada injusticia que haya vivido. Le complacen los fallos y errores de los demás, y se torna manifiestamente competitivo.

El iracundo se halla anclado en sus sentimientos de rabia y censura para disimular la impresión de insuficiencia y agravio que experimenta. Tiene que aprender que seguirá mereciendo cariño aunque fracase en ciertos terrenos. Debe practicar cada día la técnica de la carta de amor (que veremos más adelante) y ejercitarse en perdonar. Otorgando cariño y perdón a otros, llegará verdaderamente a quererse y perdonarse.

8. El impostor

Esta persona ha interpretado tantos papeles que ya no sabe quién es. Tras cada máscara hay otra. Actúa siempre en función del modo en que le acogerán los demás. El impostor no se arriesga a la controversia. Es un experto en la tarea de impresionar a los demás para agradarles. Desempeña los papeles que en su opinión otros quieren que represente y de esta manera se convierte en un hipócrita y un farsante.

Probablemente, mientras crecía, el impostor nunca se sintió apreciado cuando era él mismo, así que decidió que para lograr el cariño tenía que ser otra persona, la que los otros deseaban que fuese. Por desgracia, jamás puede confiar en el amor o el aprecio de nadie, porque en el fondo sabe que es un impostor y que los demás ignoran quién es en realidad.

El impostor ha interpretado tantos papeles que con frecuencia pierde de vista quién es en realidad; tras cada máscara hay otra.

El creyente se ha vuelto tan dependiente de los demás en lo que se refiere a la verdad que ha perdido el contacto con la realidad.

9. El creyente

Esta persona depende tanto de los otros en lo que atañe a la verdad que ya no cree en sus propios sentimientos. Desde pequeña, aprendió que, para obtener cariño, bastaba con que aceptase y creyera lo que otros le decían. Si comparte con él una opinión, el creyente será amigo suyo; pero si refuta lo que cree, se convertirá en su enemigo. En vez de asumir el poder y la responsabilidad de su persona, el creyente prefiere confiarlos a otros que puedan resolver sus problemas. Confía en que le quiera porque coincide con usted. Si defrauda las expectativas carentes de realismo del creyente, le retirará su cariño y respaldo.

El creyente nunca ha superado el hecho de que sus padres no eran perfectos. Siempre conserva grandes esperanzas, pero inevitablemente se siente defraudado por los demás y así seguirá sucediendo hasta que comience a creer en sí mismo.

El creyente tiene que aprender a asumir la responsabilidad de su propia vida y a perdonar a todas las personas que le hayan defraudado. Ha de poner en tela de juicio todo lo que crea y cotejarlo con su propia experiencia personal. El creyente necesita aprender a confiar en sus propios sentimientos, instintos y decisiones y a buscar en sí mismo la fuente de poder y sabiduría para su existencia.

El creyente debe poner en tela de juicio todo lo que crea
y cotejarlo con su propia experiencia personal.

La reacción básica del tímido ante la gente es el miedo.
Tiene escasa confianza en ser querido.

10. El tímido

La reacción básica de esta persona ante otras es el miedo. Teme sus críticas, teme que le consideren un fracasado y teme su rechazo inevitable y definitivo. La persona tímida tiene escasa confianza en resultar atrayente a otras. Le han enseñado que la gente solo le aceptará en determinadas condiciones y cuando estas falten, sentirá miedo al rechazo. Es posible que en escena sea un músico o un actor increíble, pero entre bastidores se mostrará tímido e inseguro.

El tímido debe adiestrarse en la asunción de riesgos. Ha de aprender a evocar un riesgo y luego a arrostrarlo hasta que poco a poco logre mayor confianza en sí mismo y ahuyente su miedo a los demás. Necesita revelarse más y llegar a confiar de nuevo en sí mismo y en otros.

El tímido debe aprender a evocar un riesgo y luego a desafiarlo hasta que poco a poco logre mayor confianza en sí mismo.

El fantoche cree que lo que posee compensará el fallo de no ser él mismo.

11. El fantoche

El fantoche cree que lo que hace o posee compensará el fallo de no ser él mismo. Trata de equilibrar su carencia de propia estimación con la propiedad de cosas importantes, confiando en que así conseguirá la atención y el reconocimiento que necesita desesperadamente. Para el fantoche, el dinero es el símbolo del amor y teme que la falta de aquel acarreará la del cariño. No es capaz de solicitar amor, pero trata de comprarlo. No consigue compartir directamente sus sentimientos y solo los expresa con la entrega o la negación de regalos y posesiones materiales.

Por desgracia, el fantoche nunca se siente merecedor del cariño que recibe, porque sabe que se le quiere por sus logros y posesiones y no por ser él mismo. Con frecuencia se siente explotado y desestimado.

El fantoche necesita aprender a compartir sus sentimientos y dejar a otros que vean cómo es por dentro. Tiene que mejorar su imagen íntima y despreocuparse de la que presente. Entonces sabrá que puede ser querido por lo que es y no por lo que tenga o haga.

El fantoche necesita la práctica de compartir sus sentimientos y de permitir que otros vean cómo es por dentro.

12. El solitario

El solitario está siempre demostrando que no necesita a los demás. En un determinado momento de su desarrollo no obtuvo el cariño y el reconocimiento que deseaba y en consecuencia decidió que no le hacían falta. El solitario ha aprendido a bastarse a sí mismo. Tiene un espíritu increíblemente sensible y atento que ha sido agraviado demasiadas veces. Ha aprendido a «despreocuparse» para quedar al margen de sus sentimientos porque los considera harto dolorosos.

El solitario se siente culpable de requerir tanto amor y, por tanto, rechaza sus necesidades. «Puedo arreglarme solo», proclama con orgullo. «No me haces falta.» Como no expresa con claridad sus necesidades, se siente continuamente decepcionado y herido en sus relaciones. También le duele verse obligado a satisfacer las necesidades de su pareja al tiempo que rechaza las suyas. Para el solitario, las necesidades constituyen un signo de debilidad.

En el pasado, el solitario no obtuvo el cariño y el reconocimiento que deseaba y en consecuencia decidió que no le hacían falta.

*El solitario precisa compartir sus necesidades y deseos.
Debe revelar a otros sus expectativas
y decepciones secretas.*

Para un solitario, la opción más fácil estriba en evitar simplemente las relaciones y vivir sin nadie. Cuanto más sienta sus necesidades, más se separará y recluirá, rechazando así el mismo amor que tan desesperadamente requiere.

El solitario tiene que aprender a compartir sus necesidades y revelar sus agravios y sus lágrimas. Debe manifestar a otros sus expectativas y decepciones secretas.

Siempre que comience a enfurruñarse, ha de recurrir a alguien que le atienda y comparta sus sentimientos. El solitario debe aprender que no es deshonroso necesitar y buscar en la vida a personas capaces de colmar sus deseos de amor y aprecio.

El sacrificado ha aprendido que amar significa sacrificarse o renunciar en aras de otra persona.

13. El sacrificado

Esta persona llegó a pensar que amar significa sacrificarse o renunciar en aras de otro. Probablemente, mientras crecía sus padres nunca le permitieron ignorar cuánto se sacrificaban y hasta qué punto esperaban de él un comportamiento semejante. Para ese individuo amar es una tarea fatigosa, puesto que con el fin de revelar su cariño ha de hacer siempre lo que preferiría no hacer o renunciar a lo que desea conservar.

El sacrificado jamás puede ser lo que querría, porque eso resultaría demasiado egoísta por su parte. Para él, la entrega abnegada no significa dar sin condiciones, sino renunciar o sacrificarse con la clara expectativa de recibir lo mismo a cambio. El sacrificado espera que la persona destinataria de su cariño le devuelva su regalo de amor a través de un sacrificio igualmente doloroso. «Sufrí por ti, así que has de sufrir por mí.» El padecimiento constituye a su juicio una virtud y un símbolo del verdadero amor.

Esta persona tiene que aprender a aliviar la pesada carga que ha arrojado sobre el amor y las relaciones. Debe curar la ira y el resentimiento íntimos y reprimidos hacia sus padres y otras personas, y perdonarles por haberle impuesto tan onerosa sensación de culpa. Necesita aprender a querer libremente sin esperar a cambio un sacrificio igual y, al mismo tiempo, tiene que recordar que no puede renunciar constantemente a sus propios deseos y exigencias.

El sacrificado tiene que aliviar la pesada carga que ha arrojado sobre el amor y las relaciones.

Vaya, creo que tengo de todo eso.

¿Cómo se oculta?

Veamos sus resultados. Atribúyase puntos en una escala de 1 a 5 por cada una de las clases de personalidad; un 1 significará que interpreta ese papel raras veces, un 3 señalará que lo ejerce a menudo y un 5 denotará que encaja perfectamente en la descripción. Para familiarizarse todavía más con esos tipos, imagine los resultados de sus familiares y amigos. Cuanto mejor sea capaz de ver en otros esas clases de personalidad, tanto más conseguirá distinguirlos y modificarlos en sí mismo.

	Usted	Madre	Padre
1. El realizador			
2. El crítico			
3. El jactancioso			
4. La víctima			
5. La persona encantadora			
6. El infalible			
7. El iracundo			
8. El impostor			
9. El creyente			
10. El tímido			
11. El fantoche			
12. El solitario			
13. El sacrificado			

¿Cómo fueron sus resultados? ¿Y los de sus familiares?

Recuerde: **Hasta que no tome conciencia de lo que hace, no le quedará más opción que seguir haciéndolo.**

Practique las instrucciones para cada clase de personalidad junto con las técnicas del Corazón que veremos más adelante (capítulo 8) y se pondrá así en camino de quererse más.

Tras haber explorado varias de las razones por las que no nos queremos plenamente, examinaremos ahora algunos de los motivos de que nuestras relaciones no manifiesten por completo el amor que merecen. En el capítulo 3 estudiaremos lo que sucede en nuestras relaciones.

3

¿Qué sucede
en las relaciones?

Es fácil enamorarse, pero resulta mucho más difícil persistir en el amor. Todos deseamos que perdure. Todos ansiamos vivir siempre felices. Nadie decide contraer matrimonio y decir a su pareja: «Mira, cariño, he estado pensándolo. Nos casaremos y pasaremos juntos dos o tres años maravillosos. Luego nos hartaremos de nuestra mutua compañía y nos divorciaremos ¿Qué te parece?», o «Vivamos juntos durante cinco años una espléndida relación sexual, después empezaremos a pelearnos, nos enfadaremos, mantendremos unas cuantas relaciones extramaritales y acabaremos por separarnos». Nadie se enamora y proyecta desenamorarse. Sin embargo ocurre y cuando es así, duele.

Nadie se enamora y proyecta al tiempo desenamorarse.
Sin embargo ocurre y cuando es así, duele.

¿Cuál es la norma?

Aproximadamente uno de cada dos matrimonios en Estados Unidos acaba en divorcio. Entre las parejas que siguen casadas es seguro que un buen número ya no están enamoradas ni viven felices y unidas, pese al hecho de que no se hayan divorciado oficialmente.

Tales estadísticas no resultan estimulantes. El auténtico significado de este mensaje es que si proyecta casarse tiene una probabilidad del 50 por ciento de conocer el divorcio (le resultará asimismo aplicable esta sombría previsión si al leer estas líneas, ya se ha casado o ha iniciado una relación con alguien).

No es preciso ser jugador para advertir la seriedad de este albur. Probablemente no invertiría su dinero en un negocio si le dijesen que tiene una probabilidad del 50 por ciento de perderlo. Sin embargo, como la mayoría de las personas, sigue iniciando relaciones sin pensar en la posibilidad de unirse al grupo de ese 50 por ciento que fracasa.

No hay modo de garantizar decididamente la duración de una relación, pero al menos puede aprender a preservar el amor que sienta.

Vamos a examinar atentamente ese 50 por ciento de relaciones que «triunfan». Deténgase un momento y hágase esta pregunta: «¿Cuántas parejas a las que conozco y admiro parecen mantener una relación como la que me gustaría tener?». Si usted es como la mayoría de la gente, le costará mucho encontrar ejemplos numerosos de «buenas relaciones». Entre el 40 y el 60 por ciento de las personas casadas no están satisfechas con su pareja y tienen relaciones extramaritales. Una encuesta reciente ha revelado que cuanto mayores son los ingresos familiares, más relaciones extramaritales surgen. A juzgar por esas estadísticas, resulta evidente que el dinero no es la solución para lograr la felicidad conyugal. A menudo el sueño americano de una casa, dos coches y una familia feliz acaba en divorcio.

Cuando no se sienta satisfecho con su pareja, tal vez comience a fantasear acerca de otras.

Algunas personas mantienen la apariencia de una relación cariñosa cuando en realidad ya ha muerto su amor.

Muchos seres humanos que persisten en una relación ni siquiera son capaces de abordar sus problemas y reconocer ante sí mismos y sus parejas que no se sienten satisfechos. Pretenden ser felices, cuando en realidad se muestran agraviados, entristecidos o entumecidos. Y se comportan así porque les dolería mucho enfrentarse con la realidad. Temen abordar sus problemas porque carecen de una solución. Así que mantienen la apariencia de una relación, mientras interiormente no dejan de consumirse. En ocasiones el lugar más solitario del mundo es aquel en que uno se halla cerca de alguien a quien ya no ama o que ha dejado de amarle. ¿Cuántas veces le ha sorprendido saber que unos amigos suyos se divorciaban o separaban? Superficialmente parecían felices, pero su amor había muerto.

¿Cuáles son las opciones?

La mayoría de las personas no saben resolver sus problemas afectivos y de sus relaciones y acaban abordándolos de varias maneras.

La primera opción consiste, desde luego, en ignorarlos y confiar en que desaparezcan. Otro método estriba en justificar el problema y decirse que no existe una relación «perfecta» y que esperar algo más supone una actitud inmadura y carente de realismo. También puede intentar echar la culpa a su pareja. Es posible que incluso la abandone y busque otra para enfrentarse de nuevo con idénticos problemas. Algunas personas pasan de una pareja a otra, tratando de soslayar conflictos y problemas. Y otras deciden que es menos peligroso persistir en una relación que correr el riesgo de abandonarla y siguen como estaban. Si usted es uno de esos individuos que ha renunciado al empeño, confío en que la lectura de este libro le proporcionará el valor necesario para analizar sus dificultades y comenzar a resolverlas en vez de aceptar una vida desprovista de amor.

Una de las maneras de abordar nuestros problemas consiste en atribuirlos a la pareja.

Quiero a mi marido, pero ya no estoy «enamorada» de él.

No debe preocuparse por eso. El matrimonio es un intercambio natural de pasión por seguridad. Ahora, volviendo a su madre...

Dr. Shrink

El psiquiatra tiene que estar muy seguro, porque decididamente no siente ninguna pasión.

Contra lo que comúnmente se cree, las relaciones no tienen por qué hallarse condenadas a la mediocridad y el tedio.

¿Ha sentido alguna vez el deseo de decir: «Quiero a mi pareja, pero ya no estoy *enamorado*»? Por desgracia, la típica respuesta de familiares, amigos e incluso psiquiatras ante esta afirmación es: «No sea inmaduro. Enfréntese con la realidad... el amor romántico no puede durar. Se trata de un intercambio; uno sacrifica pasión por seguridad». Contra lo que comúnmente se cree, el amor y los sentimientos románticos pueden perdurar. Las relaciones no tienen por qué hallarse condenadas a la mediocridad y el tedio. La llama del amor y el apasionamiento que compartieron al principio es capaz de seguir ardiendo, incluso con más fuerza todavía.

Piense en el momento en que vio a una pareja que disfrutaba mutuamente de su presencia, con el aire de estar muy enamorados. Supuso que quizá acababan de conocerse o que tan solo se trataba de un capricho pasajero. Este condicionamiento negativo acerca de la persistencia del amor se halla profundamente arraigado en nosotros desde edad muy temprana.

Algunas personas se escandalizan cuando ven a dos enamorados.

¿Quién le enseñó a querer?

Quizá no le guste lo que va a leer, pero *usted aprendió a querer y a mantener relaciones observando a sus padres cuando crecía.* La mayor parte de esta «educación» tuvo lugar antes de los seis años y es posible que no tenga en absoluto conciencia del modo en que le influyó. Si usted vio a sus padres mentirse mutuamente, aprendió a mentir. Si advirtió cómo ocultaban sus verdaderos sentimientos, aprendió a esconder los suyos. Si les vio agraviarse mutuamente, aprendió a agraviar y denegar su amor. Mucho tiempo antes de tener su primera relación íntima fue adiestrado y condicionado a conciencia y, por desgracia, ese entrenamiento le enseñó más acerca del modo de no amar ni comunicarse que sobre la manera de querer y expresar efectivamente sus sentimientos.

**¿Le gustaría tener una relación
como fue la de sus padres?**

Mucho tiempo antes de tener su primera relación íntima, usted fue adiestrado y condicionado a conciencia.

Odio reconocerlo, pero cuando pienso en mi última relación, advierto que en realidad fue un desastre.

Para empezar a conseguir que el amor funcione, debe admitir que necesita aprender más al respecto.

Reaprendizaje del amor

Si desea una relación mejor que la que sus padres tuvieron, si pretende que el amor obre en su beneficio, tiene que esforzarse. Comience por admitir que necesita aprender el modo de que el amor funcione, reconozca, tras mirar alrededor y fijarse en todas las personas que conozca, que no está solo, despójese de su orgullo y experimente el apremio de una intimidad, de un aprecio y un cariño mayores, que siente íntimamente. La manera más fácil de aprender consiste en hacer como si nada supiera del amor. Cuando vaya a dar el siguiente paso, trate de asumir la atención del que comienza una tarea por vez primera.

El enriquecimiento de sus relaciones constituye un arte y una ciencia, de igual modo que construir un puente, preparar una comida o tocar un instrumento. Requiere destreza y práctica, así como un ejercicio cotidiano de esas capacidades. Como sucede con el de todas las artes y ciencias, el enriquecimiento de su relación le parecerá semejante a un misterio, algo imposible de comprender hasta que se haya afanado lo suficiente para dominarlo. Entonces se convertirá en una segunda naturaleza.

Cabe aprender el enriquecimiento de su relación. En mis seminarios he enseñado este proceso a miles de personas. Siga leyendo con una mente abierta y la voluntad de ejercitarse en el dominio del amor.

Enriquecimiento de las relaciones

Consciente o inconscientemente, todo el mundo trata siempre de enriquecer sus relaciones. Aunque una persona pueda comportarse como si eso no le importara en absoluto, no hay duda de que bajo su armadura defensiva existe un espíritu cordial que desea amar y ser amado. Tras cada motivo y cada acción radica el deseo de ser querido y apreciado y un anhelo de reciprocidad en la entrega respecto de otra persona.

Tras cada semblante adusto existe un espíritu cordial que desea amar y ser amado.

Las personas se sienten frustradas cuando tratan de lograr que sus relaciones funcionen porque no han aprendido un método eficaz.

¿Por qué se rompen tantos matrimonios y se desintegran tantas familias si todo el mundo trata de ser más afectuoso y amable con su pareja? ¿Por qué hay tantos seres solitarios? ¿Por qué las personas siguen agraviándose mutuamente?

No basta con hablar del amor y con tener buenas intenciones. Tras muchos años de asesorar a parejas con problemas en su relación, llegué a comprender que en la mayoría de los casos nada fallaba en las personas que acudían en busca de mi orientación. Sin embargo, *había* algo erróneo en los métodos que empleaban para tratar de enriquecer sus relaciones. La mayoría de los seres humanos se esfuerzan por actuar sobre sus relaciones y acaban frustrados y desesperanzados. En muchos casos porque no han aprendido técnicas eficaces de comunicación y cuanto más tratan de «arreglar» su relación, peor se torna. En consecuencia, los problemas son ignorados y se acumulan con el paso del tiempo. Las personas aceptan innecesariamente el estado de sus relaciones porque carecen de una solución práctica; no les quedan más opciones que la de resignarse o la de probar con otra pareja.

Cuanto más trate de cambiar su manera de ser con el fin de agradar a otros, menos capaz será de amar a quien es usted verdaderamente.

Como resultado de unas relaciones insatisfactorias, muchas personas sienten entonces la obsesión de cambiarse a sí mismas, confiando en que con semejante transformación mejorará su vida. Pero la creación de más amor en su existencia nada tiene que ver con dejar de ser lo que uno es o con tratar de cambiar a los demás. En realidad, supone un obstáculo. Cuanto más trate de modificar su conducta para actuar como cree que «debería», menos será usted mismo y más difícil le resultará querer a otros y que ellos le quieran.

Nada hay de malo en el cambio excepto cuando le impida ser quien verdaderamente es. Mientras el cambio se halle impulsado por el odio hacia sí mismo, jamás servirá para crear más amor. Puede que aumente su poder, quizá consiga un mejor empleo o tal vez incluso haga nuevas amistades, pero no se querrá más a sí mismo. Es posible que logre convencer a otros de que es más merecedor de su cariño, pero en el fondo nunca se sentirá verdaderamente amado y aceptado por ser quien es.

AMOR

¿Por qué no me mojo?

Odio a sí mismo

Mientras que su perfeccionamiento esté determinado por el odio hacia sí mismo, nunca podrá crear más amor.

*Es posible que en muchas ocasiones sea verdad lo que diga,
pero que omita lo más importante.
Declarar toda la verdad es más que ser veraz.*

4

La clave esencial: decir toda la verdad

Tras desarrollar a lo largo de once años sistemas complejos al objeto de modificar y mejorar la conducta con grados diversos de éxito, descubrí la clave esencial para aprender a amarse uno mismo y enriquecer sus relaciones.

Tiene que ser capaz de compartir y expresar toda la verdad acerca de sí mismo y de sus sentimientos.

Decir toda la verdad es algo muy diferente de no mentir. En muchas ocasiones usted dice la verdad, pero omite las partes importantes. O, si la verdad le desagrada, crea una nueva.

¿Sonríe cuando se siente realmente irritado?

¿Se ha mostrado alguna vez violento y airado cuando lo que por dentro sentía era miedo?

¿Se ríe y burla de algo cuando se siente muy triste y rechazado?

¿Ha censurado a alguien cuando de hecho se consideraba usted culpable?

Esto es lo que yo entiendo por no decir toda la verdad.

Es esencial la comunicación de la verdad completa acerca de sus sentimientos. Constituye el primer paso en el proceso de disolver la tensión emocional y de enriquecer sus relaciones con otros. Antes de que sea capaz de transmitir la verdad acerca

La mayoría de las personas dominan la técnica de ocultar lo que en realidad sienten.

de lo que siente, primero tiene que saber cuáles son sus sentimientos.

Como seres humanos, somos expertos en ocultar la verdad acerca de nuestros sentimientos. Hemos llegado a dominar la técnica hasta el punto que acabamos ocultándonos y suprimiendo lo que de hecho somos. Es incluso posible que domine tan bien el arte del enmascaramiento que empiece a creer en sus propias mentiras. Poco a poco perderá el contacto con lo que realmente siente y, aunque quiera, no conseguirá decir la verdad sobre sus sentimientos concretos.

Su capacidad para sentir el amor es directamente proporcional a la de decir toda la verdad. Cuanta más verdad tenga en su vida, más amor sentirá. Unas relaciones sinceras con una comunicación directa y efectiva representan un creciente caudal de amor y de propia estimación. Muchas veces buscamos relaciones con el fin de protegernos de la verdad. Tenemos un cartel que reza: «Si no me dices la verdad, tampoco yo te la revelaré». Esas relaciones pueden ser fáciles y cómodas, pero no sirven para incrementar el amor y la valía que se atribuye a sí mismo.

Su capacidad para sentir el amor es directamente proporcional a la de decir toda la verdad.

Nuestras emociones son como un iceberg; por lo general solo mostramos una pequeña fracción y el resto permanece sumergido.

El efecto iceberg

El primer paso para lograr la expresión de la entera verdad en su vida estriba en saber en qué consiste. La mayoría ignoramos la verdad completa; este fenómeno recibe el nombre de efecto iceberg. Si usted encuentra un iceberg flotando en el océano Ártico, solo distinguirá una décima parte del mismo; el resto del bloque de hielo permanece sumergido bajo la superficie. Sus emociones son semejantes a ese iceberg. En la mayoría de las ocasiones los demás, e incluso su mente consciente, solo perciben una fracción de lo que en realidad siente, mientras que buena parte de sus emociones se hallan ocultas en su interior. Por tanto, le resulta difícil expresar la verdad acerca de sus sentimientos porque sigue constituyendo un misterio incluso para usted.

Viva en su corazón y no en su cabeza

La represión de sus sentimientos es en realidad un mecanismo de seguridad que ha desarrollado a lo largo de los años. Incapaz de abordar la verdad de sus emociones y de expresarla, aprende a ocultar esos sentimientos y confía en que acaben por desaparecer. A través de años de rechazo y supresión de los sentimientos, comienza a adquirir el desagradable e insano hábito de reprimir instintivamente cualquier emoción peligrosa, inaceptable o confusa. Aprende a expresar solo aquellas emociones que no perturben o amenacen su existencia o la de otros, garantizándose así una seguridad y una aceptación. Se convierte en un extraño para sus propios sentimientos. Empieza por deducir en su cabeza lo que siente en vez de experimentarlo simple y espontáneamente con el corazón.

Como resultado de la represión, deja de sentir y comienza a deducir cuáles deberían ser sus sentimientos.

Para sentirse motivado y resuelto es esencial recobrar las emociones enterradas.

¿Qué siente realmente?

La localización de emociones soterradas resulta absolutamente esencial para su desarrollo porque en la medida en que suprima y sepulte sus sentimientos, perderá contacto con lo que es y lo que en realidad desea.

Tras años de investigación de las emociones humanas he descubierto un mapa universal de los sentimientos para ayudarle a comprender el laberinto de sus emociones. Cuando se encuentra trastornado o incapaz de abordar en el plano emotivo una determinada situación, está experimentando inconscientemente al mismo tiempo varios niveles de sentimientos.

Estos niveles son:

1. **Rabia**, censura y resentimiento
2. **Agravio**, tristeza y decepción
3. **Miedo** e inseguridad
4. **Culpa**, remordimiento y pesar
5. **Amor**, comprensión, perdón y deseo.

*La verdad completa posee muchos niveles diferentes.
Es perfectamente normal sentir al mismo tiempo numerosas
emociones contradictorias.*

Me enfureció realmente que te escapases. Me entristeció que te hubieras ido. Temí que no volvieses. Siento haberme olvidado de tu comida. En realidad, te quiero. Te perdono...

Vaya, me quiere de verdad.

Al expresar plenamente sus emociones negativas, es capaz de sentir al mismo tiempo su amor y su comprensión.

La verdad completa acerca de sus sentimientos posee numerosos niveles. Habitualmente, solo es consciente en cada momento de una emoción, pero las demás están también allí. Si es capaz de experimentar y expresar plenamente todos esos niveles, es posible resolver con facilidad los trastornos emocionales. Cada emoción debe ser sentida y expresada del todo para llegar a una feliz conclusión del proceso; de lo contrario, los sentimientos en torno a cualquier perturbación nunca quedarán plenamente resueltos y lo más probable es que subsistan reprimidos en su interior, creando un mayor bagaje emocional que habrá de llevar consigo de una relación a otra.

Expresando en su plenitud el conjunto de emociones negativas, podrá sentir espontáneamente de nuevo su amor y su comprensión.

La mayoría de los problemas de la comunicación emanan del hecho de que solo transmitimos parte de la verdad, sin expresarla en su totalidad. Con frecuencia, cuando las personas dicen la verdad, dejan fuera muchos de los sentimientos que albergan y se concentran en uno de los niveles superiores, excluyendo a los demás. Bajo las emociones negativas hay emociones positivas; bajo toda la rabia y el agravio hay un sentimiento de amor y disposición a relacionarse e intimar. Quienes más le irritan son aquellos seres humanos que más le interesan. Si algo en una de esas personas estorba su capacidad para amarla, entran en acción los cuatro primeros niveles de la emoción. **El problema surge cuando usted manifiesta la rabia o el agravio y olvida expresar la verdad completa acerca del amor que subyace.**

Bajo todas las emociones negativas hay amor y el deseo de relacionarse. La única manera de desvelar ese amor consiste en experimentar y expresar las demás emociones acumuladas encima. Si no conseguimos sentir y manifestar nuestros sentimientos, no lograremos aprovechar los vastos recursos emocionales de amor y confianza que hay dentro de nuestros corazones.

Bajo las emociones negativas hay un amor esperando para brotar.

Si no expresa plenamente todos los niveles de sus sentimientos, es posible que se quede atascado en un nivel.

Atascado

¿Se ha sentido alguna vez atascado en su rabia incluso cuando ya no deseaba mostrarse enfurecido?

¿Se ha sentido en cierta ocasión sumido en sentimientos de tristeza, agravio o depresión, de los que nada parecía capaz de librarle?

¿Se ha advertido paralizado por el miedo sin conseguir escapar de allí por mucho que lo intentase?

He aquí unos cuantos ejemplos de lo que sucede cuando no acepta ni expresa todos los sentimientos que porta dentro de sí. Su incapacidad para reconocer y expresar la plena gama de sentimientos determinará que se quede atascado en un nivel emotivo y no logre experimentar con plenitud sus emociones positivas.

Bueno, no llores. Los chicos mayores no lloran. Recuerda: «Palos y piedras pueden quebrar mis huesos, pero nunca me dañarán las palabras».

Ellos me llamaron esmirriado.

A los hombres les cuesta manifestar sus sentimientos vulnerables porque no se les ha proporcionado el recurso de llorar o de mostrarse heridos.

Mientras crecemos, a todos se nos enseña de manera directa e indirecta a NO expresar los sentimientos que llevamos dentro. A los pequeños varones se les dice: «Los chicos mayores no lloran; tienes que ser fuerte». El mensaje se traduce en la carencia de permiso para revelar los sentimientos vulnerables. Se les autoriza a ser agresivos porque eso es supuestamente masculino. En muchos casos se enseña a los chicos que pueden manifestar su rabia, pero que no es prudente que revelen su agravio o su miedo, puesto que otros muchachos podrían reírse de ellos o pegarles.

Puede quedarse atascado en la ira o la frustración si es incapaz de experimentar y expresar sus sentimientos más vulnerables.

Como resultado, cuando un varón adulto sufre una fuerte reacción emocional, es posible que tienda a quedarse estancado en el nivel de la ira y la censura, puesto que para él no resulta seguro expresar los otros niveles más vulnerables. Los hombres persistirán a menudo en sus sentimientos de rabia hasta desquitarse o reprimirlos por completo y encerrarlos en sí mismos fuera del alcance de los demás. Yo he trabajado con muchos hombres que, una vez autorizados a expresar su agravio, su miedo y su culpa, alcanzaban una gran sensación de liberación emocional y física, y dejaban que desapareciera toda su ira para sentir de nuevo el amor. **Toda violencia familiar es resultado de una rabia irresuelta**.

Te ruego que me digas por qué te escondes.

Porque estoy enfadado contigo. Me duele cuando me ignoras. Quiero complacerte y cuando no lo hago, siento deseos de huir. Lamento preocuparte. Te quiero y en realidad no deseo ocultarme.

Al expresar el agravio y la culpa que se ocultan tras su ira, puede desembarazarse con facilidad de esa rabia y dejar que fluya de nuevo el amor.

Por desgracia, si un hombre se considera amenazado, lo último que juzgará prudente será admitir que es vulnerable y que siente agravio o miedo. Probablemente pretenderá que no le importa lo sucedido, lo que determinará que se estanque en su sentimiento de rabia o frustración. La persistencia en la ira es uno de los medios más corrientes para hacer frente a las ofensas y a la tristeza. Las personas más airadas que conozco son aquellas que más agraviadas se sienten por dentro. Cuanto más gritan y vociferan, por más tiempo y con mayor intensidad llorarían de tener una oportunidad. Si se enfada más de lo que quiere, necesita aprender de nuevo a llorar.

Las mujeres tienden a estancarse en sus sentimientos vulnerables, porque no se las autorizó a expresar sus sentimientos airados.

La situación se invierte en la mayoría de las mujeres. Por lo general se enseña a las niñas que nunca deben expresar rabia ni hostilidad. No está bien enfadarse o chillar. A papá no le gustaría y lo mismo sucederá con otros hombres.

A muchas mujeres se les enseña que *pueden* manifestar vulnerabilidad. Están autorizadas a llorar cuanto quieran e incluso programadas para sentir miedo. Así que cuando a una mujer adulta le sucede algo doloroso tenderá a llorar y sentir miedo, pero quizá no manifestará abiertamente su ira. Las lágrimas o las críticas se convierten entonces en un medio de ocultar el enojo y la rabia. Y como esta no es capaz de emerger y la mujer se halla anclada en su tristeza, es posible que eventualmente se muestre histérica. He trabajado con innumerables mujeres que se sentían atascadas en la pena y el agravio. Tras enseñarles el modo de expresar su ira, observé cómo se recobraban y se tornaban milagrosamente vivaces, afectuosas y menos críticas.

1) No enfadarse

¡¡Alguien me robó el coche!! Bueno, quizá lo necesitaba más que yo.

2) Culparse

¡Debería haberlo aparcado al otro lado de la calle!

3) Tratar de olvidarlo

De nada vale lamentar lo sucedido.

¡Qué fácil es decirlo!

El arte de la depresión en tres fáciles etapas.

Si no es capaz de expresar plenamente su rabia (por supuesto de un modo que no sea destructivo), es posible que casi siempre se sienta temeroso, desesperanzado o deprimido. **La depresión no es una intensa tristeza; se trata de ira reprimida y encauzada contra uno mismo.** Por lo común, las personas deprimidas se sienten cansadas e inermes porque consumen su energía vital en el empeño de impedir que emerjan su ira y su rabia. Si se siente muy deprimido, tendrá que esforzarse por mejorar sus antiguas relaciones; deberá expresar primero su ira hacia otros y luego hacia sí mismo, operando a través de todos los niveles emocionales hasta llegar al amor y el perdón.

Cuando reprime sus emociones negativas, también refrena su capacidad de amar.

5

¿Qué sucede cuando no dice la verdad?

No decir la verdad en una relación es como no regar una planta: acaba matando algo que estaba vivo y crecía. El resultado inevitable de callar la verdad ante alguien de su intimidad es que acabará omitiendo asimismo el amor. Al cabo de cierto tiempo, en una relación donde no se exprese la verdad usted mira hacia atrás y se pregunta: «¿Qué pasó con aquel espléndido sentimiento? ¿Adónde fue toda aquella magia?». La respuesta es que el amor y la magia se hallan enterrados bajo montones de emociones no comunicadas. Sencillamente no puede reprimir sus sentimientos negativos (rabia, miedo, agravio, culpa) y esperar que sigan con vida las emociones positivas. **Cuando embota sus emociones indeseables, embota también su capacidad de sentir emociones positivas.**

Los efectos a largo plazo de no revelar la verdad a uno mismo y a otros y de arrumbar sus sentimientos estriban en la pérdida de su capacidad para experimentar emociones positivas como el júbilo, el entusiasmo y la pasión. Algunos diccionarios definen la pasión como «un sentimiento intenso». Cada vez que suprime un sentimiento que no desea abordar, destruye sistemáticamente su capacidad de sentir y, paso a paso, mata la pasión en todas sus relaciones.

Vaya, no parece muy divertido crecer.

¡No quiero ser mayor nunca!

La represión embota poco a poco sus sentimientos tanto negativos como positivos.

¡Las cuatro R son los signos vitales que ha de vigilar si quiere mantener con vida el amor!

Las señales de advertencia. Las «cuatro R»

He descubierto que en cada relación existen cuatro señales de advertencia que avisan siempre de que se debilita la conexión emocional y un ser humano se encamina velozmente hacia la pérdida del amor en esa vinculación. Me refiero a ellas como las «cuatro R» y son consecuencia inevitable de no decir toda la verdad.

Si quiere evitar la pérdida del amor y el sentimiento en una relación y pretende mantener con vida la pasión, preste mucha atención a las cuatro R. Cuando advierta la presencia de una, habrá llegado el momento de decir toda la verdad acerca de lo que siente. Estas son las cuatro R:

1. **Resistencia**
2. **Resentimiento**
3. **Rechazo**
4. **Represión**

La muerte de una relación sobreviene en cuatro etapas.

1. Resistencia

En cualquier relación humana normal existirán ciertos niveles de resistencia entre dos seres. La **resistencia** sobreviene cuando nota que comienza a oponerse a algo que la otra persona dice, hace o siente. Empieza por criticarla mentalmente y tal vez advierta que se aparta un poco de ella. Ejemplo: se encuentra en una fiesta con su pareja y ella empieza a contar la misma historia que siempre narra en las reuniones, un relato que ha oído ya muchísimas veces. En esta ocasión percibe una **resistencia** hacia ella, una sensación interior como: «Oh, no, otra vez con lo mismo». O su marido le recuerda que tiene que pagar una factura y, solo por un momento, usted advierte que se aísla de él.

La mayoría de las personas suelen abordar la **resistencia** ignorándola, como si no estuviera allí. Es posible que piense: «Bueno, no tiene importancia» o «No seas tan crítico; al fin y al cabo, nadie es perfecto», o simplemente «Olvídalo. ¿Por qué echar a perder el momento?».

Si no dice la verdad acerca de la resistencia y la resuelve con su pareja, se agrandará por pequeña que sea, dando paso a la segunda R, el resentimiento.

2. Resentimiento

El **resentimiento** constituye un nivel de resistencia mucho más activo. Se trata de una sensación intensa de desagrado y censura respecto de la otra persona a causa de lo que esté haciendo. Esta comienza realmente a molestarle. Quizá se irrite por detalles nimios a los que concede una importancia desproporcionada. Si escucho a mi pareja referir muchas veces la misma historia sin comunicarle mi resistencia, llegará un día en que ya no me resista simplemente a escuchar ese relato, sino que de hecho experimentaré resentimiento. Es posible que sienta: «*Odio* que refiera esa historia, está poniéndose en evidencia».

El **resentimiento** suele llegar acompañado de una experiencia interna de rabia y tensión. Se aísla emocionalmente de su pareja. La ira, la frustración, el fastidio, la acritud y el aborrecimiento son síntomas de esa segunda etapa, el **resentimiento**.

Si no revela la verdad sobre su resentimiento y lo resuelve con su pareja, crecerá hasta ser la tercera R, el rechazo.

La rabia, la frustración, el aborrecimiento,
el rencor, el fastidio, la acritud y la censura
son síntomas de un resentimiento no expresado.

3. Rechazo

El **rechazo** surge cuando son tan considerables la resistencia y el resentimiento que le resulta imposible permanecer emocionalmente conectado con esa persona y se retrae, cerrándose emocional y sexualmente. Puede que diga: «No quiero volver a hablar de eso». Tal vez abandone la habitación, salga precipitadamente de casa o sencillamente se aísle, negándose a reconocer la existencia de ese otro ser o a prestarle atención. Los signos del **rechazo** son: no querer estar con su pareja; polarizar siempre cualquier punto de vista que adopte; fantasear acerca de terceras personas o mantener otras relaciones clandestinas. El **rechazo** es la consecuencia natural de haber acumulado un resentimiento. No es capaz de hallarse cerca de su pareja o de relacionarse con ella sin sentir toda la tensión y el resentimiento acumulados, así que simplemente la rehúye para conseguir un poco de alivio.

Durante esta tercera etapa su vida sexual se deteriorará en gran medida si es que ya no estaba antes dañada. Tal vez descubra que todavía quiere a su pareja pero que ya no se siente atraído hacia ella, que no está «enamorado». Puede que le repela o desagrade la idea del sexo o que advierta que ha dejado de tener interés para usted.

Si cree en el divorcio, posiblemente en esta tercera etapa se decidirá por la separación. En el caso de que ponga fin a una relación durante la etapa de **rechazo**, la ruptura será dolorosa y amarga.

Si no dice la verdad acerca de sus sentimientos de rechazo y los resuelve con su pareja, éste se incrementará hasta convertirse en el siguiente nivel de separación, la represión.

El resentimiento no expresado se convierte inevitablemente en rechazo; ya no quiere estar con su pareja.

4. Represión

La **represión** es la más peligrosa de las cuatro R. Sobreviene cuando está tan harto de soportar resistencia, resentimiento y rechazo que logra reprimir sus emociones negativas para «mantener la paz» en aras de la familia o para no llamar la atención de los demás. En esta cuarta etapa esto es lo que siente: «No vale la pena seguir luchando; me olvidaré de todo, estoy demasiado harto de abordar esta cuestión».

La **represión** es un estado de entumecimiento emocional. Embota sus sentimientos para sentirse cómodo. El aletargamiento se extiende al resto de su existencia. Pierde entusiasmo y vivacidad, es posible que la vida se torne previsible y aburrida; no resulta dolorosa, pero tampoco alegre. Durante buena parte del tiempo se sentirá físicamente cansado.

Lo engañoso de la **represión** es que, vista desde fuera, una pareja que se encuentre en esta etapa puede parecer feliz. Es probable que los dos se comporten mutuamente de un modo cortés y educado y que rara vez discutan; quizá usted piense que se trata de una maravillosa relación, hasta que un buen día se entera de que van a divorciarse.

Todavía más peligroso es el caso de la pareja tan reprimida que ninguno de los dos cree que exista problema alguno. Han renunciado a sus sueños juveniles y románticos para aceptar su statu quo. Han aprendido qué pueden esperar y qué no. Se han convencido de que son felices. Sin duda estarán en apuros, pues hasta que reconozcan que les gustaría mejorar su relación, esta subsistirá tal cual es.

Tras el rechazo, automáticamente reprime su frustración y hace que todo parezca normal. Deja de preocuparse.

1) Resistencia

¡No me gusta que me des órdenes!

2) Resentimiento

¡Me saca de quicio que trates de controlarme!

3) Rechazo

Voy a hacer lo que se me antoje. No me importa lo que digas.

4) Represión

Supongo que me comporté muy estúpidamente. Me olvidaré de todo lo que discutimos.

Cada vez que tenga una disputa, probablemente pasará a través de las cuatro R.

No siento dolor. No siento alegría. No siento nada. En realidad, no es magnífico pero tampoco resulta mal.

Experta en Represión

Primer premio

Algunas personas muestran tal destreza la represión que esta sobreviene inmediatamente sin que se den cuenta.

Las cuatro R no solo describen las etapas de la desaparición del amor en una relación a través de un largo período de tiempo, sino que también revelan la mecánica de la represión de sentimientos. Cada vez que usted reprime una emoción, pasa por estas cuatro etapas. Al suprimir sus emociones en suficientes circunstancias, su relación atraviesa las diferentes etapas. Cada vez que tiene una disputa se desplaza a lo largo de las cuatro R. Puede recorrer las cuatro R en cuestión de días, horas, minutos e incluso segundos.

Algunas personas muestran tal destreza en la represión de sus sentimientos que en tan solo unos segundos pasan automáticamente de la **resistencia** a la **represión** sin ni siquiera darse cuenta. Recuerde que las cuatro R se aplican a todas sus relaciones y no solo en lo que atañe a su pareja, sino también a sus padres, sus hijos, su jefe, sus amigos e incluso a sí mismo.

*La verdad es capaz de difundir el abundante amor
que hay dentro de su corazón.*

Siempre que expresa la verdad acerca de sus sentimientos y retorna al amor que lleva dentro, está agrandando su capacidad de amar. En cada ocasión en que suprime la verdad íntegra y reprime automáticamente sus sentimientos, mengua su capacidad de amar. Desde esta nueva perspectiva puede ver lo que falló en el pasado. Mediante el aprendizaje y la práctica de las técnicas de este libro para la expresión de toda la verdad, le será posible recobrar rápidamente su capacidad de sentir y amar. Si se encuentra atascado en una de las cuatro R, podrá retroceder hacia el sentimiento del «enamoramiento».

En ocasiones, al decir la verdad completa, tal vez le parezca que no avanza, porque para curar sentimientos reprimidos es a veces necesario retroceder a lo largo de las cuatro etapas desde la **represión** y el **rechazo** al **resentimiento** y la **resistencia**. Pero cuando haya concluido, será libre de sentir con claridad y de amar de nuevo.

Este principio se halla expuesto de un modo espectacular en el tratamiento de los niños autistas. Si expresa cariño a un niño autista reprimido teniéndole en sus brazos, retrocederá a través de la secuencia de las cuatro R. Al principio no responderá, luego rechazará su amor y tratará de escapar. Si le abraza, el niño revelará un resentimiento extremado y luchará contra usted. Con el tiempo se resistirá menos y finalmente aceptará su abrazo con un jubiloso aprecio. Cuando empiece a querer más a su pareja, puede que al principio no reaccione y que quizá evite sus tentativas cariñosas. Puede que incluso suscite su desdén o resentimiento. Pero si insiste, eventualmente responderá con un amor y un aprecio considerables.

Mediante la expresión de la verdad completa, puede superar sucesivamente las cuatro R y sentirse de nuevo vivaz y enamorado.

Las razones de que reprima sus sentimientos

Cualquier sentimiento que ponga en peligro su capacidad de amar o de ser amado es objetivo seguro de la **represión**. Si juzga que sus emociones son incompatibles con la imagen que tiene de sí mismo, acabará por reprimirlas. Es asimismo posible que reprima ciertos sentimientos que nunca fueron expresados por sus padres mientras crecía. Por ejemplo, un hijo criado en una familia poco expansiva puede presentar una tendencia a reprimir emociones de ternura y afecto. Un niño educado en una familia donde nunca se expresó la rabia tal vez reprima sus sentimientos de ira.

Las emociones que se permite conscientemente son aquellos sentimientos cuya manifestación juzga exenta de riesgo. Sus juicios de valor desempeñan un papel fundamental en la represión; tenderá a considerar «buenas» o «malas», «convenientes» o «inconvenientes» ciertas emociones en función de su formación y su experiencia. Por ejemplo, tal vez estime que está «bien» sentir gratitud y que está «mal» sentir ira o envidia.

Cualquier sentimiento que ponga en peligro nuestra capacidad de ser amado o de dar amor es un objetivo para la represión.

Al enterrar sus emociones, poco a poco va aletargándose ante la vida y el amor.

Los sentimientos nunca mueren

La mayoría de las personas intentan «controlar» sus sentimientos, lo que implica que suelen pasar por las cuatro R y sienten resistencia, resentimiento, rechazo y represión. Pero reprimir sus sentimientos no significa eliminarlos. Los sentimientos nunca mueren. Se niegan a ser silenciados. Es posible que se considere victorioso cuando por fin «olvide» una emoción negativa o desagradable, pero la batalla no ha hecho más que empezar. Necesitará una gran cantidad de energía física y emocional para dominar sus sentimientos. La vida se convierte entonces en una lucha para no perder el control.

Quiéralo o no, la represión de sus sentimientos influirá en su personalidad, motivando secretamente buena parte de su conducta. Tal represión puede afectarle de tres modos básicos:

1. Tal vez embote su capacidad para experimentar emociones positivas.

2. Puede reaccionar de un modo excesivo en el momento actual ante personas o circunstancias.

3. Es posible que su cuerpo exprese la tensión de imponerse a las emociones reprimidas a través de síntomas físicos y enfermedades.

1. Embotamiento

La represión de sus sentimientos embota gradualmente su capacidad de sentir. Su corazón se torna frío y se seca el pozo interno del amor. Mengua su entusiasmo infantil por vivir, amar y aprender. Su creatividad se reduce de forma significativa. Se convierte en un testigo desapasionado del proceso de la vida. La única respuesta consiste en suprimir el juego del sentir y de volver a vivir a través de su actuación sobre los sentimientos.

Los sentimientos reprimidos no mueren,
volverán para obsesionarnos.

*Los sentimientos suprimidos se acumulan
hasta que usted estalla irracionalmente o los reprime,
tornándose embotado ante su efecto.*

2. ¿Reacciona en exceso?

Los sentimientos reprimidos que lleva consigo pueden ser la causa de que reaccione de una manera inapropiada ante ciertas personas o circunstancias de su vida. Es posible que las emociones inexpresadas le vuelvan irracional, irritable, propenso a estallidos de rabia o repentinos accesos de depresión. Son capaces de determinar un cambio espectacular en sus actitudes. Las emociones irresueltas de su pasado pueden enturbiar sus emociones del presente. Si carga con una culpa suprimida, tal vez sienta miedo a ser objeto de castigo por parte de las figuras de autoridad —policía, jefes, Hacienda—, aunque no haya cometido ninguna acción represible o ilegal. Si soporta un considerable miedo reprimido, quizá rehúya inconscientemente la presencia de los demás o se diga conscientemente que no le gustan.

De adultos, atribuimos una realidad a nuestros sentimientos reprimidos de la niñez. Si sintió, por ejemplo, una rabia considerable y reprimida hacia su madre, tal vez interprete cualquier sugerencia u orientación útil emanada de una mujer como una tentativa de controlarle. A no ser que tome conciencia del proceso que está desarrollándose, probablemente volverá a reprimir sus sentimientos y el ciclo proseguirá.

La mayoría de las personas no son conscientes de este fenómeno y quizá piensen que eso no va con ellas. Pero reflexione acerca de las ocasiones en que se ha sentido asustado o nervioso sin motivo aparente o cuando se mostró irritable sin una causa real o medite sobre su incomodidad en ciertas situaciones que resultaban llevaderas para otros. Por ejemplo, acercarse a una persona desconocida y hablar con ella puede resultar agradable y fácil para un individuo y difícil para otro. O hablar ante un grupo tal vez resulte atrayente para un individuo y espinoso para otro.

Los sentimientos reprimidos nos empujan a comportarnos de un modo inadecuado ante personas y circunstancias.

Las emociones reprimidas pueden tornarle irritable, irracional y propenso a estallidos de rabia.

Por desgracia, y en un intento por reprimir todavía más las emociones incómodas, millones de personas abusan de sus cuerpos con las drogas, el alcohol, el tabaco y el exceso de comida y trabajo. Constituyen medios populares y en general aceptados de suprimir por un tiempo emociones desagradables. Sin embargo, no solo daña su cuerpo sometiéndolo a tales experiencias, sino que también perjudica su capacidad para actuar como persona que siente y es emotivamente sana.

¡Vaya, yo también colecciono cajas de cerillas!

¡Es perfecto!

Me siento en el cielo.

Al día siguiente...

¡Oh, resultó ser como todos los demás!

Cuando en una nueva relación surgen de repente antiguos sentimientos reprimidos, es posible que usted considere que su pareja ha cambiado de la noche a la mañana.

No me importa que sea perfecta para mí. Me dedico a hacer un solitario.

Solíamos pasarlo tan bien...

*Los temores reprimidos pueden impulsarnos a evitar
a personas que podrían querernos.*

Son cada vez más numerosos los médicos conscientes de la importancia que revisten las emociones en nuestra salud física. Se ha descubierto que a través del llanto se produce una importante segregación física de elementos químicos nocivos, liberando simultáneamente la tensión emocional que es vital para evitar enfermedades físicas. Tanto en niños como en adultos, es preciso estimular, dentro de unas proporciones adecuadas, el hábito de llorar.

3. ¿Maltrata su cuerpo?

Su mente y su cuerpo se hallan íntimamente relacionados. Cada uno está allí para atender al otro. Si opta por reprimir una emoción incómoda, es posible que, a través de diversos síntomas físicos, su cuerpo trate de «ayudar» a resolver la tensión que usted mismo se ha creado, liberando dicha tensión mediante diversos síntomas físicos.

Los sentimientos reprimidos pueden manifestarse
a través de síntomas físicos.

¿Es presa de la inquietud o del tedio? ¿Le devoran sus temores? Pruebe a eliminar su ansiedad con un buen helado.

Me contentaría con un plato de leche.

Uno de los recursos más corrientes para soslayar los sentimientos consiste en comer en exceso.

Los síntomas físicos se hallan a menudo relacionados con la enfermedad emocional que sufre:

Tensión muscular	«Este hombre me destroza.»
Dolor de cabeza	«No quiero pensar más en eso.»
Virus y resfriados	«He decidido comportarme fríamente con ella.»
Artritis	«Me quedé paralizado» o «Confío en ponerme de nuevo en marcha.»
Tensión	«Estalló» o «No puedo soportar más presión.»
Respiración	«Este trabajo me ahoga.»
Estreñimiento	«No consigo desembarazarme del pasado.»
Enfermedad cardíaca	«Esa mujer me destrozó el corazón.»
Fiebre	«Vaya, cómo se ha acalorado.»

Recientes investigaciones psicológicas y médicas han revelado que ciertos tipos de personalidad son más propensos que otros al cáncer y a las enfermedades cardíacas. Según una encuesta, la mayoría de los enfermos de cáncer interrogados reconocieron que durante años no habían expresado de un modo consecuente emociones intensas como el llanto o los estallidos de rabia. En creciente medida, los médicos están aprendiendo a comprender el valor de la liberación y la expresión emocionales en el bienestar completo físico de una persona. Aunque un considerable volumen de padecimientos físicos tiene su origen en la represión de aflicciones emocionales, una vez que se llega al nivel físico, es preciso curar al mismo tiempo el cuerpo, la mente y el espíritu.

En la medida conveniente, es preciso estimular el llanto.

El amor inicia la expresión de los sentimientos reprimidos.

6

Los sentimientos son sus amigos

La capacidad de sentir una emoción es un don que como seres humanos compartimos todos. Sin embargo, con frecuencia, tal vez no le guste lo que sienta. Cada emoción posee un sentido y le acompañará hasta que su propósito sea realizado y entendido. Sus sentimientos son como mensajeros del subconsciente a la mente consciente. El mensajero aguardará pacientemente ante su puerta hasta que haya recibido el mensaje.

¿Cuáles son los mensajes que le aportan sus sentimientos?

La **rabia** surge para decirle que lo que le sucede es indeseable.

El **agravio** o la *tristeza* sobrevienen para manifestarle que ha perdido o está perdiendo algo que quiere o necesita.

El **miedo** se presenta para advertirle acerca de la posibilidad de un fracaso, una pérdida o un dolor.

La **culpa** llega para recordarle que de alguna manera es responsable de causar un resultado o circunstancia indeseable.

El modo de entender sus emociones y lo que le revelan acerca de su vida estriba en expresarlas. **No conseguirá comprender lo que subsiste inexpresado.**

¿Ha advertido alguna vez que basta con hablar de un problema con un amigo para entender la solución? A través de la expresión de la verdad completa acerca de sus sentimientos, puede llegar a entender la intención cariñosa bajo todas las emociones negativas.

Sus sentimientos son como mensajeros. Hasta que reciba su mensaje, aguardarán ante su puerta.

Curación de sentimientos reprimidos

Una relación íntima representa el marco ideal para curar los sentimientos reprimidos. Cuando encuentre a alguien con quien se sienta seguro y amado, sus sentimientos reprimidos comenzarán a emerger en una tentativa de hallar curación. A través de unas relaciones sinceras y cariñosas no solo podrá aprender a dominar la tensión cotidiana que se desencadene entre usted y otra persona, sino que conseguirá emplear la vinculación como una oportunidad de curar antiguas heridas, convirtiéndose así en un ser mucho más cariñoso y adorable.

La curación de sus sentimientos es un proceso paulatino. Siempre que llegue en sus relaciones a un nuevo nivel de amor e intimidad emergerá otro nivel de sentimientos profundamente reprimidos para hallar curación. El grado de intimidad determina la intensidad de la liberación. Sin comprender las cuatro R y los cinco diferentes niveles de emoción, es posible que crea enloquecer; cuanto más quiere a su pareja, más tensión parece surgir entre ustedes. Pero dedicado y entregado a su desarrollo, pronto aprenderá cuánto más fácil es revelar toda la verdad acerca de sus sentimientos y resolver la tensión en vez de esconder la verdad a usted mismo y a sus seres queridos.

Cuando vive solo en un mundo marginado, resulta muy sencillo seguir reprimiendo sus sentimientos. Esta es la causa de que algunas personas rehúyan las relaciones. Necesitarían una gran dosis de esfuerzos y energías para continuar la represión de sus sentimientos cerca de otro individuo. Esos seres solo pueden soportar las relaciones durante ciertos períodos de tiempo y luego las abandonan, tanto física como emocionalmente, encerrando por completo sus sentimientos. Sabrá que se resiste a abordar unos sentimientos reprimidos cuando se sienta aliviado al dejar a su pareja.

Es fácil rehuir los sentimientos cuando uno vive encerrado en su mente y evita las relaciones.

Esta es la razón de que muchos individuos clamen por disponer de un espacio propio en sus relaciones. Llevan consigo todas esas emociones reprimidas y logran retenerlas muy bien hasta que llegan a casa al final de la jornada y encuentran a su cónyuge. Tan pronto como se disponen a abrir la puerta, comienzan a emerger los sentimientos inexpresados del día. En vez de abordarlos, resulta más sencillo encerrarlos. «En lo último en que deseo pensar después del trabajo es en lo duro que fue, pero si no expreso esos sentimientos en presencia de mi esposa y descargo la rabia, el agravio y el miedo, acabaré reprimiéndolos y reprimiré también una parte de mi amor por ella.»

Eso no significa desdeñar la necesidad de estar solo a veces. Todos requerimos un tiempo de soledad al margen de cualquier relación para mantener el contacto con lo que somos. La necesidad de autonomía es tan importante como la de compartir, pero no debe ser empleada como excusa para rechazar los sentimientos propios.

¡Resulta muy difícil reprimir los sentimientos durante todo el día y luego mostrarse cariñoso al llegar a casa!

Es inútil evocar los sentimientos reprimidos si no aprende también a resolver los problemas emocionales del presente.

Curación del pasado con terapia

Muchas personas optan por abordar la curación de sus emociones reprimidas a través de la orientación o la terapia. Son numerosas las técnicas consagradas a tratar solo antiguos traumas reprimidos y que olvidan enseñar a un individuo el modo de solucionar sus problemas emocionales del presente. No es posible resolver traumas pasados sin aprender asimismo a abordar sus emociones actuales. Si decide recurrir a un terapeuta, asegúrese de que sea capaz de guiarle a través de los niveles de la emoción hasta descender al amor. También resulta útil que el terapeuta no suprima sus emociones y poder compartir y expresar libremente los sentimientos propios.

*Decir la verdad no significa que tenga que ir por ahí
arrojando sus sentimientos negativos.*

Puede curar lo que siente

Sintiendo en su plenitud las emociones y mediante la expresión
de la verdad acerca de estas, será capaz de curar la tensión emocional irresuelta y alcanzar la libertad para querer más abiertamente. Sentir sus emociones y manifestarlas es el medio de libe-
rarlas. Sin embargo, eso no significa que tenga que «arrojar»
habitualmente sobre sus seres queridos todo lo que de negativo
sienta. La manifestación indiscriminada de los sentimientos podría arruinar sus relaciones y crear un trauma todavía más grande que debería abordar.

No es fácil compartir sentimientos

Puede que al principio sea difícil e incluso doloroso decir toda la verdad, en especial cuando le resultaría mucho más cómodo ir a dormir u olvidarse del asunto. No obstante, a largo plazo constituye su única esperanza. Decir toda la verdad significa admitir la duda cuando preferiría manifestar una certeza, hablar de sus sentimientos cuando le gustaría omitirlos, pedir lo que necesita cuando querría declarar que todo marcha a las mil maravillas, reconocer que ha cometido un error cuando le gustaría culpar a alguien, compartir su agravio y tristeza cuando se inclinaría por dejar de preocuparse.

Muchas veces resulta más fácil decir una mentira «inocente», pero en definitiva su única esperanza radica en revelar la verdad.

Empleo del DAVE

Existe un arte de decir la verdad que desarrollará tras una práctica considerable. Se llama DAVE.

> **D**ecir
> **A**bsolutamente la
> **V**erdad
> **E**xacta

Siempre que emplee el DAVE crecerá su capacidad de sentir el amor. Mediante el uso del DAVE será capaz de expresar sus sentimientos de modo que resulte posible curarlos en vez de exacerbarlos. La expresión de una emoción con el DAVE le devolverá a su manera de sentir más afectuosa, clara y vivaz.

En los capítulos siguientes aprenderá a expresar la verdad completa sin que sus relaciones lleguen al punto de la locura.

Decir

Absolutamente la

Verdad

Exacta

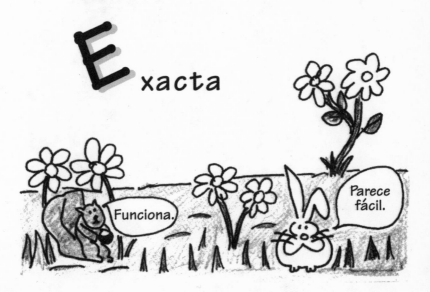

Funciona.

Parece fácil.

7

Lo que tanto desquicia las relaciones

La información de este capítulo contiene uno de los descubrimientos más importantes que he realizado acerca de las relaciones y que ha cambiado las vidas de miles de personas a las que asesoramos. En los capítulos anteriores vimos cómo afectaban a su conducta los sentimientos reprimidos. Pero hay otro fenómeno sorprendente que hasta ahora no hemos mencionado. Se trata de un efecto que he observado en cada familia y cada relación íntima. Se produce en grados diversos en función de la intimidad que usted tenga con otra persona.

Denomino a esta ley del comportamiento el **Efecto altibajo**.

El Efecto altibajo explica por qué cuanto más sereno y calmado se muestre un marido, más histérica y asustada se vuelve su esposa, por qué unas personas cordiales y de temperamento tranquilo pueden atraer a otras que parecen poseer un carácter violento. Expone el motivo por el que una mujer fuerte y equilibrada, tras iniciar una relación con un hombre, se advierta de repente insegura y desvalida.

En suma, el Efecto altibajo brinda un conocimiento de la mecánica de la interacción humana que explica lo que torna tan enloquecidas las relaciones.

El Efecto altibajo explica la razón de que cuanto más sereno y calmado se muestre un marido, más histérica y asustada se vuelve su esposa.

Su vinculación emocional

Para empezar, imagine dos recipientes, a la manera de dos depósitos verticales de líquido, como en la siguiente ilustración. Podemos unir los recipientes con una manguera o un tubo de modo que, si lo deseamos, sea posible pasar líquido de uno al otro. En nuestra analogía esos depósitos representan a dos personas en una relación: Fred y Wilma, por ejemplo. El líquido de los recipientes simboliza nuestras emociones. Y el tubo que los une representa la sensibilidad que experimentan mutuamente como marido y mujer.

Usted desarrolla esa conexión con otra persona bajo determinadas circunstancias: cuando son familiares, cuando viven juntos, cuando se hallan asociados en un negocio y, más importante, cuando comparten una relación sexual. Esa vinculación emocional le permite compartir lo que la otra persona siente. Es la responsable de que sepa que su pareja está irritada con usted, aunque lo niegue, y de que un niño sea consciente de que su madre está enfadada con él, aunque no le riña.

Cuanto más vinculado se encuentra usted a otra persona, más capaz es de compartir y experimentar sus sentimientos.

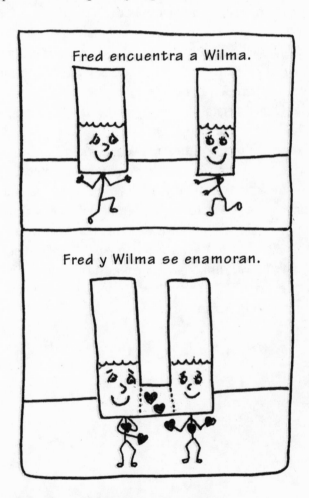

*Cuando dos personas se enamoran,
su vinculación emocional les
permite compartir sus sentimientos.*

Su pareja expresará
lo que usted reprime

Examinemos ahora cómo fluye la energía entre esos dos recipientes. Algo le sucede a Wilma, y empieza a sentir la emoción de la rabia. Imagine la rabia como una emoción líquida que comienza a ascender en el depósito. Pero de pequeña, enseñaron a Wilma que las buenas chicas no se enfadan, que a los hombres no les gustan las mujeres airadas. Wilma es capaz de sentir su agravio y tristeza, pero no estará autorizada a expresar rabia. Así pues, aun sin comprenderlo, comienza a rebajar su furia, a **reprimirla**. Una vocecita interior le dice: «Tranquilízate, Wilma, no hay nada de lo que enojarse».

Mientras Wilma reprime cada vez más su rabia, sucede algo muy extraño... pero en el otro lado de los recipientes. De repente, Fred empieza a sentirse irritado e iracundo. Cuando más trastornado y furioso se torna, más trata Wilma de calmarle. Intenta reprimir los sentimientos de rabia en él como ha tratado de reprimir los suyos. Y así prosiguen hasta que Fred acaba por estallar. Y Wilma se dirá: «No soy capaz de entender cómo puede perder el control de esa manera. Supongo que los hombres tienen un temperamento muy vivo».

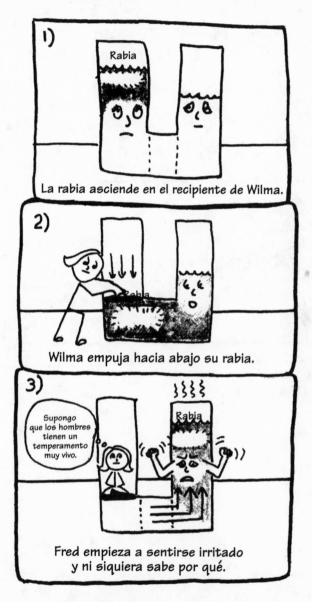

1) La rabia asciende en el recipiente de Wilma.

2) Wilma empuja hacia abajo su rabia.

3) Supongo que los hombres tienen un temperamento muy vivo.

Fred empieza a sentirse irritado y ni siquiera sabe por qué.

Cuando Wilma rebaja su rabia, Fred lo siente y se torna irritado. Su pareja es capaz de expresar lo que usted reprime.

La vida tiene ciertamente sus altibajos.

Cuando usted rebaja un sentimiento, este asciende en su pareja. Es lo que denominamos Efecto altibajo.

El principio del Efecto altibajo es:

Su pareja puede expresar lo que usted reprime.

Y desde luego, el caso inverso:

Usted puede expresar lo que su pareja reprime.

Este principio constituye en realidad la física de las relaciones y explica el modo en que sus emociones afectan a las de su pareja y las de esta a las suyas. En el caso que acabamos de ver, Wilma estaba reprimiendo su rabia y Fred comenzó a expresarla.

He aquí cómo opera el Efecto altibajo en otro nivel de emoción, el miedo y la inseguridad. Fred empieza a sentir temor. Tal vez escribe un nuevo libro y teme no lograr lo que pretende.

Tratando de conservar la serenidad y el sosiego mediante la supresión de sus propios temores, Fred aviva inconscientemente el fuego del miedo de Wilma.

O quizá esté ampliando su negocio y teme los consiguientes riesgos económicos. Pero a Fred le inculcaron de pequeño que un hombre debe mostrarse fuerte y seguro de sí mismo. Los hombres no sienten miedo. Simplemente siguen hacia delante. Y desde luego no revelan a nadie sus temores. ¿Qué hace, pues, Fred, con la emoción del miedo? La reprime, rebajándola inconscientemente en su recipiente.

Cuanto más empuja Fred hacia abajo el miedo en su depósito, más asciende en la parte de Wilma. Y de repente ella comienza a sentirse insegura y temerosa, presa de pánico. Es probable que empiece a manifestar su miedo, ante el cual Fred se oponga aún más y declare: «Cariño, no hay motivo para preocuparse. Tranquilízate». A medida que Fred deje de sentirlo y se muestre más marginado, Wilma experimentará una intensificación de su miedo hasta que, presa del terror, las preocupaciones la vuelven casi histérica. Fred reprime sus temores y Wilma los expresa.

Y así se crea un círculo vicioso, porque cuanto más asustada y nerviosa se revele Wilma, más sereno y tranquilo se manifestará Fred, reprimiendo su propio miedo. Sin saberlo, Fred aviva el fuego de la histeria de Wilma, tratando de conservar el control.

Por qué es posible que las mujeres parezcan hiperemotivas

He visto repetirse esta pauta una y otra vez en mujeres incapaces de entender por qué se mostraban tan inseguras y nerviosas junto a hombres a quienes amaban. Por su parte, estos eran incapaces de comprender la razón de que tales mujeres, por lo demás lógicas y fuertes, parecieran derrumbarse. La respuesta es el Efecto altibajo. Los hombres responden a su condicionamiento de no mostrar sentimientos de miedo, mientras que las mujeres acaban expresando toda la emoción temerosa suprimida en los varones. El caso extremo es el del marido controlado y apacible, que jamás manifiesta una emoción que pudiera considerarse muestra de debilidad o de duda acerca de sí mismo y que empuja a su esposa a la hiperemotividad y la histeria; logra así que la mujer se sienta inferior y mentalmente enferma, al señalarle de continuo cuán emotiva se vuelve. Literalmente son muchas las mujeres que acaban en instituciones mentales cuando se ven sometidas a este proceso durante un largo período de tiempo. Y hay, desde luego, ejemplos del caso contrario: mujeres que se controlan a sí mismas y hombres que hacen estallar sus sentimientos.

Los hombres apacibles pueden suscitar fácilmente la histeria en las mujeres.

Por qué las mujeres pueden tornarse tan desvalidas

Veamos un ejemplo más del Efecto altibajo: la emoción del desamparo. Fred y Wilma se enamoran y cuando intiman, él comienza a necesitar a Wilma. Pero ese sentimiento le aterra, porque si la necesita, podría perderla. Así que Fred rebaja su sentimiento de necesidad, diciéndose que no desea intimar ni comprometerse tanto. ¿Qué ocurre con esta necesidad cuando la rebaja? Naturalmente, pasa al recipiente de Wilma, se suma a sus propios sentimientos de necesidad y acaba por desorbitarse. Wilma comienza a sentirse verdaderamente desvalida. Empieza a sentir miedo de perder a Fred y experimenta el anhelo desesperado de conseguir de él un compromiso; se considera débil en su presencia.

Cuanto más suprime Fred sus necesidades, más necesitada se siente Wilma. Cuando Fred se da cuenta de ello, se resiste a Wilma de una manera natural. Cuanto más se opone a sus propias necesidades que le son reflejadas, con mayor fuerza las experimenta Wilma.

Este fenómeno es muy corriente en las relaciones íntimas. Algunos varones pasan de una mujer a otra, preguntándose por qué parecen tan desvalidas todas las que le rodean. Lo que no comprenden es que cada mujer refleja al hombre las propias necesidades de este, temeroso de verlas y sentirlas.

¡Por favor, vuelve! ¡No puedo vivir sin ti!

Parecía tan fuerte e independiente cuando la conocí hace una semana. Me pregunto qué ha sucedido.

Algunas personas cambian continuamente de pareja, preguntándose por qué todas se vuelven tan desvalidas e inseguras.

El modo en que el Efecto altibajo es capaz de exagerar sus sentimientos

¿Significa esto que cada vez que usted se enfurece su ira no es realmente suya sino de su marido? ¿O que si al llegar al trabajo grita a su secretaria, es realmente ella la que está furiosa? En absoluto. No utilice esta información para demostrar que tiene razón y que quien se equivoca es la otra persona.

Examinemos más atentamente el Efecto altibajo. Wilma y Fred acuden a un restaurante y aguardan media hora a que les sirvan. Digamos que cada uno se siente un tanto molesto y furioso (10 por ciento de rabia por ejemplo). Pero el condicionamiento de Fred le dice que no está bien enfurecerse, sobre todo por cosas insignificantes, así que se reprime. Se impone el Efecto altibajo y ahora es Wilma la que se siente molesta y furiosa en un 20 por ciento. Fred percibe su sentimiento de rabia y trata de calmarla. Cuanto más rebaja él sus sentimientos, más se intensifican los de ella. Desde luego, también estaba furiosa, no solo expresa la rabia de Fred, pero ahora su furor y su enojo se desorbitan en el restaurante.

Si muestra serenidad y suprime su malestar,
intensificará el de su pareja.

Espejo, espejo en la pared

Es posible que comience a entender por qué se siente enloquecido en algunas relaciones. ¿Ha advertido alguna vez que cuando trata de calmar a su pareja, esta se muestra todavía más alterada? Sucede así porque probablemente su pareja expresa una emoción que usted trata de reprimir. Las personas que le rodean actuarán como espejos, reflejando una perfecta imagen de sí mismo, incluyendo aquellas partes que usted preferiría no ver ni abordar. En consecuencia, si reprime sus temores, puede que su pareja siga acosándole con su miedo y su preocupación, como si hubiese alzado un espejo y le dijera: «Eh, echa un vistazo a algunos de los sentimientos que tratas de rebajar».

Así pues, resulta importante comprender que:

Se enfrentará en su pareja con lo que reprime en sí mismo.

Si Fred evita la rabia y no desea abordarla, esta pasa al recipiente de Wilma, que comenzará a sentirse enfurecida. ¿Cuál será la reacción natural de él cuando advierta la ira de ella? Intentará reprimir también esa rabia. Fred se resistirá a ver en Wilma lo que rebaja en sí mismo. El intento de modificar las emociones de su pareja o disuadirle de experimentarlas es un signo seguro de que tales sentimientos constituyen un reflejo de la emoción que no desea percibir en sí mismo.

Si se opone a las emociones de su pareja, quizá se deba a que está oponiéndose a esas mismas emociones dentro de sí.

Se opondrá en su pareja a lo que reprime en sí mismo.

Cuando un progenitor reprima emociones negativas, es posible que el otro las exprese incontrolablemente.

El Efecto altibajo y sus padres

Remóntese hasta su niñez. ¿Era alguno de sus progenitores la «buena persona» agradable que parecía ser la víctima del otro, la «mala persona» que se enfadaba, gritaba y castigaba? Ahora que comprende el Efecto altibajo, reflexione de nuevo; tal vez el progenitor cordial estuviese reprimiendo tanta ira y resentimiento que el otro tenía que expresarlos para tratar de disolver parte de la tensión. Cuando un progenitor rebaja las emociones negativas en sí mismo, el otro las expresará inevitablemente.

La prole y el Efecto altibajo

El Efecto altibajo se produce espectacularmente en las familias con hijos. Cabe redefinir el principio y decir:

Sus hijos pueden expresar lo que usted reprime.

Muchos padres consideran que deberían ocultar sus sentimientos ante sus hijos con objeto de protegerles o defenderles. En mi opinión, nada más lejos de la verdad. Sus hijos recogerán de cualquier manera sus sentimientos, tanto si opta por expresarlos conscientemente como en el caso contrario; se sentirán confusos ante mensajes contradictorios y es posible que empiecen a sentirse responsables de su infelicidad.

No te preocupes, cariño. Todo va bien.

Sus hijos pueden expresar lo que usted reprime.

Si por ejemplo uno de los cónyuges esta reprimiendo la ira y la hostilidad hacia el otro, los hijos las expresarán y harán realidad a través de un comportamiento airado, rebelde y mediante rabietas. Si un progenitor suprime sus sentimientos de tristeza y agravio, los niños llorarán más. Cuando rebaja sus sentimientos de miedo e inseguridad, puede que los niños se revelen quejosos y se manifiesten más amedrentados.

Esa es la razón de que la resolución de los problemas familiares requiera un tratamiento conjunto. No existe una persona con un problema que sea solo suyo cuando vive en compañía de otras.

El Efecto de recipientes múltiples

Veamos qué ocurre cuando en una relación hay más de dos personas. Fred está casado con Wilma. Lo que Fred ignora es que Wilma mantiene una aventura con Barney. Tenemos, pues, tres recipientes unidos. Por añadidura, Barney está casado con Betty. Por consiguiente, hay cuatro depósitos, cuatro series implicadas de emociones.

Un día Betty se siente triste porque le parece que Barney se aleja de ella, pero reprime sus sentimientos porque desea ser una buena esposa. Barney comienza a sentir lo que ella reprime, pero al ser un hombre (¡y machista de los pies a la cabeza!) reprime también sus sentimientos. Por su parte, Wilma empieza a sentir lo que su amante reprime. Todo ello se suma a su propia tristeza reprimida y lo transmite a Fred. Una mañana, Fred despierta sintiéndose muy triste y deprimido, y ni siquiera conoce a Betty, que fue la que desencadenó el proceso.

Las relaciones múltiples pueden tornarse extremadamente complejas. Ya es bastante difícil equilibrar las energías emocionales entre dos personas; la cuestión se hace aún más grave tratándose de tres o cuatro. Este es uno de los problemas de las relaciones abiertas y las vinculaciones ilícitas: alteran el equilibrio emocional entre los miembros de las parejas.

El Efecto de recipientes múltiples

Betty Barney Wilma Fred

Primero Wilma y Barney mantienen una aventura.

Betty — Miedo

Barney — Culpa

Wilma — Tristeza

Luego Betty sospecha, pero suprime su temor...

Barney se siente culpable, pero suprime su culpa...

Wilma se siente triste por traicionar a Fred, pero suprime...

Betty Barney Wilma Fred

Miedo Culpa Tristeza

¡Finalmente Fred despierta una mañana sintiéndose muy trastornado y cree que va a enloquecer!

Ya es bastante difícil equilibrar las energías emocionales entre dos personas; la cuestión se hace aún más grave tratándose de tres o cuatro.

Cuando se rompe la conexión emocional, una relación pierde vivacidad y atractivo.

Ruptura de la conexión

¿Qué sucede cuando los dos miembros de una relación reprimen sus sentimientos y desciende el nivel en ambos depósitos? La presión va hacia el tubo de conexión, que acaba por estallar. Eso es lo que ocurre en muchas relaciones. Ninguno de los dos dice toda la verdad acerca de sus sentimientos; rebajan sus emociones, se alejan y, con el tiempo, acaban por romper enteramente su vinculación emocional. Cada uno ha conseguido reprimir los sentimientos hacia el otro.

Eso es lo que determina que usted considere que ha dejado de estar enamorado de alguien o que ha perdido su atractivo respecto de otra persona; se trata sencillamente de la ruptura de la conexión. Si lo desean, dos personas pueden vivir juntas una vez que se haya roto su vínculo, porque la fuente de la tensión habrá desaparecido. Ya no serán víctimas del Efecto altibajo, aunque habrán perdido el amor, la pasión y la vivacidad de su relación. Y, aún más importante, habrán dejado pasar la oportunidad de desarrollarse y aprender a partir del espejo de su pareja.

Es posible reparar esos tubos emocionales rotos, pero la tarea exige un considerable trabajo y el ejercicio diligente de las técnicas presentadas en la siguiente sección de este libro.

Cómo reconocer el Efecto altibajo

Si advierte que su cónyuge, sus padres, su hijo, expresan algunas emociones —rabia, miedo, necesidad— y comienza a sentirse molesto e irritado o a resistirse a ellos, quizá esté expresando algo de lo que usted reprime interiormente. Como se resiste a sus propias emociones, se opondrá a las emociones similares de los que le rodean.

Si se resiste a las emociones de los demás, quizá se deba a que está oponiéndose a esas mismas emociones en su interior.

Por otra parte, si su pareja expresa un sentimiento y usted no se muestra molesto o irritado y puede consolarla con facilidad, es probable que no esté reprimiendo emoción alguna y que la otra persona solo exprese sus propios sentimientos.

Cuando se muestre irritado por los sentimientos de su pareja, es posible que estos expresen lo que usted trata de reprimir.

1. Exprese sus sentimientos; no los retenga.

Me siento aislado. ¿Puedo hablarte durante unos minutos?

2. Utilice su resistencia para revelar y liberar sus sentimientos reprimidos.

Tal vez me irrita porque una parte de mí está de acuerdo con ella.

3. Siempre que se intensifique su resistencia, deténgase y practique las técnicas del amor.

En vez de discutir, practiquemos nuestras técnicas para arreglar las cosas. ¿De acuerdo?

No podrá evitar el Efecto altibajo, pero es posible emplearlo para desarrollarse y crear más amor en su vida.

Lo que cabe hacer a propósito del Efecto altibajo

No conseguirá desembarazarse del Efecto altibajo; es una dinámica de la interacción humana que forma parte de cualquier relación. **Puede** evitar a otros y a sí mismo angustias y daños innecesarios si observa las siguientes normas:

1. Comience por asumir la responsabilidad de sus emociones, por expresarlas en vez de reprimirlas.
2. Cuando alguien próximo manifieste una emoción y usted ad-

vierta que se opone, deténgase y hágase esta pregunta: ¿Expresa algo que no estoy dispuesto a aceptar o a ver en mí mismo?

3. Cuando observe que sus sentimientos y los de su pareja se intensifican a cada minuto, no siga adelante hasta practicar algunas de las técnicas expuestas en el capítulo siguiente.

8

Las técnicas del corazón

Las técnicas expuestas en el siguiente capítulo han contribuido a que miles de personas aprendiesen a disolver sus tensiones emocionales y a solucionar los conflictos inevitables en las relaciones. En ausencia de esas técnicas, miles de parejas con las que he trabajado no se mostrarían afectuosas y cooperadoras; no por falta de cariño, sino porque las tensiones y los conflictos derivados de mantener una relación íntima o de romperla resultarían demasiado grandes para poder ser superados. Conviene saber por qué se pelean (el Efecto altibajo y las cuatro R), *pero no resulta suficiente.* Conocer lo que hay que hacer y cómo resolver la tensión para volver al amor es lo que realmente enriquecerá sus relaciones y las mantendrá operativas.

Le sugiero que practique diariamente todo lo descrito en este capítulo. Es posible que se pregunte: «¿Por qué he de utilizar dichas técnicas si considero que no tengo grandes problemas?». La respuesta es que, empleando estas técnicas, no se acumularán las pequeñas tensiones cotidianas hasta convertirse en grandes problemas. En el momento en que advierta la intensificación de la tensión o la resistencia en sus relaciones o cualquier debilitamiento de la sensación de hallarse plenamente vinculado, debería emplear estas técnicas y destrezas para impedir que la separación emocional crezca y se afirme entre usted y sus seres queridos. Una atención consecuente a sus relaciones las mantendrá sanas y le ayudará a seguir en contacto con sus íntimos sentimientos positivos: el amor, la confianza y la felicidad.

En cuanto advierta una ligera resistencia hacia la otra persona, habrá llegado el momento de dejar a un lado el problema y practicar una de las siguientes técnicas del corazón:

1. La Técnica de duplicación
2. El Proceso de la cólera
3. La Técnica de la carta de amor

La Técnica de duplicación...

1. La Técnica de duplicación

La primera técnica que debe practicar en sus relaciones es la llamada técnica de «duplicación», basada en el siguiente principio:

La duplicación disuelve la tensión y crea una conexión.

En realidad, la duplicación no le resulta ajena. Constituye uno de los modos básicos por los que adquirió muchas destrezas mientras crecía. ¿Se acuerda de cuando aprendió a montar en bicicleta? Si su padre le hubiera dado unas instrucciones o mostrado un libro sobre la manera de montar en bicicleta, probablemente usted habría sentido demasiado miedo para aprender. Por el contrario, trajo la bicicleta y le enseñó a utilizarla. Parte de su proceso consistió en duplicar lo que él había hecho. Aprendió a hablar mediante la duplicación de lo que hacían sus padres. Su madre le decía: «Di mamá», y eventualmente duplicó su voz y dijo «mamá». Como respuesta a su tentativa, usted se sintió más próximo a ella y sintió más su amor, así como la aceptación de su propia persona.

Siempre que otra persona duplique sus sentimientos, usted se sentirá aliviado. Este único principio es quizá el responsable del éxito de los culebrones televisivos y las películas de terror. Si se siente triste y deprimido y ve en la televisión a otros que también lo están, experimentará una mejoría. Duplicarán su tristeza y eso contribuirá a disolver la tensión emocional. Las películas de terror alcanzan gran popularidad porque uno ve a ciertos individuos aterrados que, en cierto sentido, duplican sus propios temores al dolor, la muerte y lo desconocido.

Cómo opera la duplicación

Puede usar en las relaciones la Técnica de duplicación para disolver la tensión emocional entre usted y su socio/hijo/progenitor/amigo, etc. Simplemente cuando advierte en su interior la acumulación de la tensión entre los dos, cada uno se turna para duplicar el talante de la otra persona. El mero hecho de tener a alguien al lado para expresar sus propios sentimientos suscita una liberación y le permite alcanzar niveles más profundos de aceptación y claridad.

He aquí cómo opera la duplicación:

Fred y Wilma debaten la realización de un proyecto. Están montando una nueva galería de arte en Los Ángeles y han recurrido a un contratista que les crea muchos problemas e incumple los plazos previstos. Tanto a Fred como a Wilma les preocupa que la tarea no esté terminada a tiempo.

Pero Fred suprime parte de su ansiedad y su temor adoptando el papel de un varón fuerte, mientras que Wilma expresa sus inquietudes y sentimientos propios y los de él. Se trata del Efecto altibajo. Pero nada de esto importa porque...

Constituye una pérdida de tiempo tratar de determinar quién comenzó la discusión o quién reprime y quién expresa. Lo que importa es disolver la tensión emocional y restablecer la conexión a través de la duplicación.

Veamos a Fred y Wilma en una conversación que conduce a una disputa:

WILMA: Cariño, acabo de hablar con el contratista y dice que todavía no ha hecho el enmoquetado. Y no solo eso, ni siquiera sabe dónde están las luces.

FRED: ¿Qué significa eso de que ni siquiera sabe dónde están las luces?

WILMA: No han llegado todavía. Estarán en un camión y hace dos semanas que salieron de la fábrica. Empiezo a sentirme realmente muy preocupada.

FRED: Mira, no te inquietes por eso, ¿de acuerdo?

WILMA: Pues me preocupa. ¿Y si las luces no llegan a tiempo? ¿Y si el local está horrible el día de la inauguración?

FRED: ¡Nada de pánico! Las cosas irán bien. De nada serviría preocuparse (*ya molesto*).

WILMA: Tal vez todo esto nos supere. Quizá no éramos capaces de asumir esta nueva responsabilidad... es tanto trabajo. ¿Por qué no puedes entender cómo me siento?

FRED: Estoy ocupándome de todo. Ha sido mi proyecto desde el principio, así que confía en mí y cállate.

WILMA: Confío en ti, pero...

FRED: No confías en mí. ¡Y sigues apremiándome acerca de esas malditas luces. Olvídalas!

WILMA: No puedo olvidarlas. Y deja de gritarme.

FRED: ¿Sabes cuál es tu problema? Que no eres capaz de confiar en mí. Y simplemente complicas las cosas (*Fred estalla*).

Fred y Wilma se enzarzan en una violenta disputa. De seguir discutiendo, acabarán exasperados o reprimirán la cuestión y crearán entre ambos un profundo resentimiento. La solución consiste en que dejen de pelear verbalmente y practiquen la *Técnica de duplicación* con el fin de disolver la tensión emocional.

La Técnica de duplicación permite sentir y liberar su resistencia. Es posible que al principio le resulte incómoda la duplicación de su pareja y quizá no desee practicarla, puesto que se opone a los sentimientos de esa persona.

Pero si continúa y ejerce la duplicación, consumirá su resistencia y, como consecuencia, se descubrirá más cerca de su pareja y contribuirá a que se sienta mejor.

Recuerde, por consiguiente, que cuanto más se oponga a aplicar esta técnica, más necesitará practicarla y mejor se sentirá después.

Cómo practicar la duplicación

Parte A: Declaración

1. Siempre que advierta que comienza a resistirse a la otra persona (un hijo, su compañero de habitación...), solicite su permiso para practicar la duplicación.
2. Empieza uno de los dos. Si es usted, por ejemplo, pida a esa persona que exprese sus sentimientos con unas cuantas palabras y luego repita exactamente lo que ha dicho. Compórtese como si fuese el otro. No imite ni remede lo que haya dicho, limítese a desempeñar su papel.
3. La persona que realiza la declaración debe tratar de expresar toda la verdad acerca de lo que sienta, tal como vimos en capítulos anteriores (partiendo de la rabia para pasar luego por el agravio, el temor, la culpa y el amor). Pero en muchos casos basta con expresar unas pocas emociones y luego varios sentimientos positivos.
4. Cuando usted escuche las palabras de su pareja y las repita, empezará a tener una idea clara del modo en que se siente y será capaz de añadir sus propias observaciones que expresen adecuadamente el talante de esa persona. En este punto, su pareja empezará a sentirse aliviada y comprobará que en realidad usted entiende cómo se siente.

Parte B: Apropiación de los sentimientos de su pareja

1. Cuando su pareja concluya, duplique sus sentimientos y su punto de vista sin reproducir textualmente lo que haya dicho. No es preciso que coincida con su opinión para entenderla o advertir lo que siente. Imagine que se ha convertido en esa persona y que temporalmente «posee» sus sentimientos y pensamientos.

   Devuélvale todos sus sentimientos y se descubrirá defendiéndolos e incluso añadirá nuevas quejas. Es posible que en ocasiones necesite un pequeño recordatorio de sus palabras. No importa, su intención en esta fase consiste en duplicar sin repetición textual.

2. Al principio quizá experimentará cierta resistencia a la hora de reproducir las declaraciones de su pareja. Siga adelante y cuando conecte más con los sentimientos de esa persona, duplicándolos en voz alta, la tensión se disolverá y se sentirá más a gusto y con mayor facilidad para expresar lo que siente.

*Nota: Si al cabo de tres o cuatro minutos no le resulta más fácil repetir los sentimientos de su pareja, reflejándoselos, y comienza a sentirse trastornado e iracundo, su conflicto se ha desarrollado más allá del punto de la tensión superficial y la duplicación **no funcionará**. En este caso tendrá que emplear la Técnica de la carta de amor descrita más adelante en este capítulo.*

Parte C. Cambio de papeles

Cuando una persona haya acabado de duplicar los sentimientos de su pareja, ambos deberán cambiar de papeles, de modo que quien repitió las declaraciones tendrá que expresar las suyas para que el otro las repita.

Una muestra de duplicación

Parte A: Declaración

Wilma manifiesta a Fred sus sentimientos y él los repite, sin añadir un comentario, una explicación, una agudeza o una declaración defensiva. Es posible que Fred desee comentarlos, pero no debe hacerlo, pues de lo contrario la técnica no funcionaría. Ya le llegará su turno.

Nota: Puede que la voz de Wilma esté cargada de emoción cuando formule a Fred sus declaraciones, pero él debe repetirlas desapasionadamente, sobre todo al principio. Eso es lo oportuno; seguirá repitiendo cómo se siente ella, llegará a establecer contacto con sus propios sentimientos y cobrará vivacidad.

He aquí un ejemplo:

WILMA: Me harta ese contratista.

FRED: (*Duplicando su declaración*) Me harta ese contratista.

WILMA: ¡Qué estúpido! Y por si fuera poco, ahora dice que ha perdido nuestro sistema de iluminación.

FRED: ¡Qué estúpido! Y por si fuera poco, ahora dice que ha perdido nuestro sistema de iluminación.

WILMA: ¿Y si nunca aparece? ¿Y si abrimos la galería sin tener las luces?

FRED: ¿Y si nunca aparece? ¿Y si abrimos la galería sin tener las luces?

WILMA: Realmente me preocupa. Tal vez todo esto nos supere.

FRED: Realmente me preocupa. Tal vez todo esto nos supere.

WILMA: Y me duele de verdad que no comprendas mi grado de preocupación.

FRED: Y me duele de verdad que no comprendas mi grado de preocupación.

WILMA: Te comportas siempre con tanta frialdad y calma y dejas que yo me inquiete por las cosas. Logras que me sienta estúpida.

FRED: Te comportas siempre con tanta frialdad y calma y dejas que yo me inquiete por las cosas. Logras que me sienta estúpida.

WILMA: Tengo miedo de que fracasemos.

FRED: Tengo miedo de que fracasemos. Me asusta pensar en el aspecto que puede tener este sitio (*Ahora que advierte cómo se siente Wilma y comienza a establecer contacto con sus propios sentimientos, Fred empieza a añadir algunas observaciones por su cuenta*).

WILMA: Sí, a mí me sucede lo mismo. Me asusta pensar en el aspecto que puede tener este sitio. Ahora me gustaría que expresases mis sentimientos sin repetir mis palabras.

Parte B: Apropiación de los sentimientos de su pareja

Cuando Wilma pidió a Fred que expresase sus sentimientos sin repetir sus palabras, tal vez se sintiera mucho mejor o quizá no; no importa. La Parte B se ocupará de esta cuestión. Fred puede empezar a sentirse irritado, pero antes de que le llegue el turno de expresar sus propios sentimientos debe «apropiarse» de los de Wilma y duplicarlos al menos durante un par de minutos. He aquí un ejemplo de la actuación de Fred como si fuera Wilma:

FRED: Me inquieta que la galería no esté terminada a tiempo. ¿Y si no tenemos instaladas las luces antes del día de la inauguración? Sería un desastre. Me enfurece ese contratista irresponsable. Y me enfureces tú por comportarte con tanta frialdad como si todo fuese sobre ruedas. Me molesta que me mires como si fuese hiperemotiva. Pareces un robot. Logras que me sienta estúpida. Agravas mis sentimientos cuando te comportas con tanta indiferencia hacia lo que siento. Me gustaría que te preocupases de mis sentimientos. Deseo que me consueles y que expreses también lo que sientes. Te quiero tanto. Eres tan maravilloso.

En este punto, Wilma se sentirá mucho mejor porque sus sentimientos están siendo compartidos por Fred. Este al menos se mostrará menos resistente, puesto que ha aceptado, oído y percibido lo que siente Wilma. Es probable que la duplicación de los sentimientos de Wilma haya agitado otros en Fred y que él necesite ahora que Wilma los duplique (pero no siempre sucede así; puede que Wilma y Fred ya hayan resuelto sus diferencias y no necesiten cambiar de papeles).

Parte C. Cambio de papeles

Esta etapa es opcional. Si Fred experimenta alguna aspereza o tensión, necesitará que Wilma también la duplique. Comienzan entonces el proceso de nuevo, tanto la Parte A como la Parte B. He aquí un ejemplo del cambio de papeles entre Fred y Wilma.

Parte A

FRED: Me exasperas con tus constantes temores.

WILMA: Me exasperas con tus constantes temores.

FRED: Siempre supe que las luces se retrasarían.

WILMA: Siempre supe que las luces se retrasarían.

FRED: Detesto que no confíes en mí.

WILMA: Detesto que no confíes en mí.

FRED: Me irrita de verdad que te dejes llevar por el pánico. ¿A qué viene tanto miedo?

WILMA: Me irrita de verdad que te dejes llevar por el pánico. ¿A qué viene tanto miedo?

FRED: Me siento acosado por ti.

WILMA: Me siento acosado por ti.

FRED: Me parece que no crees en mí.

WILMA: Me parece que no crees en mí.

FRED: Me duele verte tan alterada.

WILMA: Me duele verte tan alterada.

FRED: Quiero que confíes en mí.

WILMA: Quiero que confíes en mí.

FRED: Deseo que creas en mí.

WILMA: Deseo que creas en mí.

FRED: Quiero que pienses que soy admirable.

WILMA: Quiero que pienses que soy admirable.

FRED: Deseo que te sientas feliz y segura.

WILMA: Deseo que te sientas feliz y segura.

FRED: Me molesta verte acongojada.

WILMA: Me molesta verte acongojada.

FRED: Te quiero tanto. Creo que eres maravillosa. Y comprendo lo que sientes. Yo también estoy un poco nervioso.

WILMA: Te quiero tanto. Creo que eres maravillosa. Y comprendo lo que sientes. Yo también estoy un poco nervioso.

He aquí un ejemplo del modo en que Wilma se apropia de los sentimientos de Fred y los repite sin palabras textuales. Wilma pretende ser Fred y expresa los sentimientos de él.

Parte B

WILMA: ¿Por qué tienes que sentir miedo acerca de todo? Jamás eres feliz. Siempre estás preocupada. ¿Es que no confías en mí? Tranquilízate, ¿quieres? Todo irá sobre ruedas. Me irrito cuando después de trabajar firme, demuestras que no confías en mí. Me duele de verdad. Me entristece que no tengas confianza en mí. A veces te pones tan pesada. Deseo que me quieras, que me ayudes y no me critiques. Deseo que me ames. Lo merezco. ¡Soy maravilloso como tú!

Uno de los grandes valores de la Técnica de duplicación es el hecho de que le brinda la oportunidad de expresar verbalmente sus sentimientos sin que la otra persona formule comentarios y se oponga a lo que usted dice. Si empiezo a expresar mis sentimientos a mi pareja, ella se mostrará naturalmente impulsada a interrumpirme y a disentir y esa intervención estorbará mi paso a través de los cinco niveles de las emociones.

He aquí otro ejemplo de duplicación:

El incidente

Un día Fred llama a la madre de Wilma para hacerle una pregunta y olvida por un momento con quién habla, así que cuando la madre de Wilma responde, él no recuerda su nombre.

Charlan durante unos minutos y luego él cuelga. Wilma se siente realmente irritada con Fred. He aquí cómo se desarrollaría normalmente su disputa:

WILMA: Creo que has estado bastante grosero con mi madre.

FRED: ¿Grosero? No fui grosero.

WILMA: Estuviste grosero; olvidaste su nombre. ¿Cómo puedes olvidar el nombre de mi madre? Tiene que haberse disgustado.

FRED: No le des tanta importancia. No siempre soy capaz de recordar el nombre de cualquiera.

WILMA: Mi madre no es «cualquiera». A veces pareces estúpido.

FRED: Mira, en primer lugar yo no quería hablar con ella. Fue idea tuya. No volveré a llamarla.

WILMA: No me amenaces. Y deja de comportarte como un niño.

FRED: Siempre tan crítica. Me pones enfermo...

Sin duplicación, esta disputa ascendería rápidamente a los niveles de los insultos, los portazos y la separación. Si vuelve a leer el diálogo, advertirá que en la segunda intervención Wilma establece contacto con sus sentimientos de agravio respecto a su madre, pero Fred interrumpe el proceso natural y expresa su ira, suscitando así más rabia en Wilma. Fred y Wilma permanecerán airados hasta que se cansen de discutir o simplemente repriman la cuestión. Observe la eficacia de la duplicación:

WILMA: Estoy verdaderamente enfadada contigo por esa llamada telefónica. Quiero que me dupliques.

FRED: De acuerdo.

WILMA: ¿Qué clase de zopenco eres para olvidar cómo se llama mi madre?

FRED: ¿Qué clase de zopenco eres para olvidar cómo se llama mi madre?

WILMA: ¿Cómo pudiste ser tan grosero con mi madre?

FRED: ¿Cómo pudiste ser tan grosero con mi madre?

WILMA: Me ofende que la tratases así. Debió de disgustarse.

FRED: Me ofende que la tratases así. Debió de disgustarse.

WILMA: Así que su yerno la llama sin recordar siquiera su nombre.

FRED: *(Comienza a conectar con los sentimientos de Wilma)* Así que su yerno la llama y se comporta como un estúpido, sin recordar siquiera su nombre.

WILMA: Con lo que mi madre te quiere, seguro que se disgustó y se sintió rechazada.

FRED: Con lo que mi madre te quiere, seguro que se disgustó y se sintió rechazada.

WILMA: Deseo que quieras a mi madre, que te intereses por mi familia y demuestres que también te preocupas de mí.

FRED: Deseo que quieras a mi madre, que te intereses por mi familia y demuestres que también te preocupas de mí.

WILMA: Bien, también deseo que me quieras más.

En este punto tanto Wilma como Fred advierten que lo que realmente le disgustaba a ella no era pensar que tenía un marido estúpido, sino el hecho de creer que no se interesaba por su propia familia. Fred es ahora capaz de entender los sentimientos de Wilma y de remediar la situación. Y como es natural, cuando Fred duplica las declaraciones de Wilma diciendo que es estúpido por haber olvidado el nombre de su madre, expresa sus propios sentimientos que quizá su orgullo no le permitió manifestar antes. Lo que podría haberse convertido en una gran disputa se convierte en una oportunidad de mayor acercamiento entre los dos. Fred completa entonces el proceso, acometiendo la Parte B (duplicación sin palabras textuales).

He aquí un ejemplo de la apropiación de los sentimientos de Wilma por parte de Fred:

FRED: ¿Qué clase de idiota eres? ¿Es que has perdido el juicio? Me pones enferma. Siempre pensando en ti mismo. ¿Cómo pudiste olvidar el nombre de mi madre? Eso hiere de verdad. Apostaría a que también ella se sintió ofendida. ¿Qué te parece? A veces eres tan insensible. Me asquean tus mezquinas excusas. Me gustaría que pensases más en la gente y no fueses tan inconsciente. Me entristece que olvidaras el nombre de mi madre. Seguro que se disgustó. Deseo que quieras a mi madre y a mi familia. Deseo que pienses de verdad en los demás. Te quiero mucho y te perdono... pero no vuelvas a hacerlo.

En este ejemplo Fred ha expresado en realidad más ira hacia sí mismo que la que mostró la propia Wilma. Así no solo se sentirá mejor, sino que permitirá a Wilma perdonarle más plenamente y quererle de nuevo.

Qué hacer cuando ignore lo que siente

Si surge una tensión entre su pareja y usted y desea expresar sus sentimientos con la duplicación pero no está seguro acerca de cuáles son, pruebe a emplear «frases de introducción». Una de las más oportunas es «Ahora mismo siento...», que habrá de completar con plena sinceridad. Completando sucesivamente la frase de introducción, superará el bloqueo y sus sentimientos comenzarán a fluir de nuevo.

Ejemplo: «me siento irritado con mi pareja y deseo practicar la Técnica de duplicación, pero no estoy seguro del modo de expresarle lo que percibo en mí». En vez de limitarse a declarar «Ignoro cómo me siento», que con seguridad le frustrará, diga:

Ahora mismo siento... que estoy atascado.
Ahora mismo siento... que estoy frustrado.
Ahora mismo siento... que desearía esconderme.
Ahora mismo siento... que no te importo.

Ahora mismo siento... el agravio de que no te gustase el discurso que escribí. A veces te comportas como si yo no te interesase. Y me duele mucho, etc.

«A medida que progreso a lo largo del ejercicio, comienzo a entrar en contacto con mis auténticos sentimientos. Si vuelvo a atascarme, repetiré la frase de introducción y la terminaré hasta que otra vez fluya libremente lo que siento.» Cuando utilice esta técnica para salir de un atasco, asegúrese de que su pareja duplica cada frase que diga.

Cómo emplear la duplicación con su familia, los amigos y en el trabajo

La Técnica de duplicación es muy efectiva en cualquier clase de relación: padre/hijo, hermano/hermana, jefe/empleado, entre amigos o compañeros de habitación. Si está soltero, por ejemplo, y se siente irritado con alguien que no esté dispuesto a ejercitar estas técnicas, pida a un amigo que practique la duplicación con usted.

Ejemplo: Wilma está verdaderamente furiosa con su jefe. La noche anterior le obligó a quedarse trabajando hasta tarde y al día siguiente ni siquiera le dio las gracias. Regresa de su trabajo e irrumpe en su apartamento, sintiéndose muy desgraciada. Wilma tiene dos opciones: mantener esa tensión y ese enojo o pedir a una compañera de piso o a un amigo que practique la duplicación.

Wilma simulará que habla con su jefe y en cada una de las frases expresará sucesivamente sus sentimientos, que su amigo se encargará de duplicar.

WILMA: Señor Simpson, es usted un verdadero estúpido.
FRED: Señor Simpson, es usted un verdadero estúpido.

WILMA: No me tiene respeto y ya estoy harta.

FRED: No me tiene respeto y ya estoy harta.

WILMA: Me disgusta que me trate como si fuera un mueble.

FRED: Me disgusta que me trate como si fuera un mueble.

WILMA: Creo que me siento verdaderamente ofendida de que no muestre gran interés por mí y me aprecie más...

Wilma logra varias cosas con la práctica de la duplicación. En primer lugar, libera parte de la tensión física y emocional al manifestar sus sentimientos en vez de almacenarlos en su interior. En segundo lugar, al expresar su talante de esta manera, es capaz de determinar lo que realmente le hiere —el hecho de no ser apreciada— en vez de seguir atascada en sentimientos de rabia y censura. Y en tercer lugar, Wilma evita la acumulación de su rabia y su resentimiento, que de otro modo podría arrojar después sin motivo sobre una persona inocente.

Más ejemplos

Puede utilizar incluso la Técnica de duplicación con alguien que ignore que la ejercita en ese momento. Un famoso director de televisión llamado Bill asistió a uno de mis seminarios del corazón y aprendió las técnicas de este capítulo. Unos días más tarde, hallándose en su estudio, se enfureció con uno de los miembros del equipo. Sin pensar en lo que hacía, le increpó ante sus compañeros, humilló a aquel hombre y creó una tremenda tensión en el estudio. Cuando al día siguiente acudió a trabajar, el individuo increpado se sentía muy irritado con él y todo el equipo se mostraba irritable y nervioso.

Bill decidió probar la Técnica de duplicación. Llamó a aquel miembro de su equipo y en privado comenzó a duplicar sus sentimientos. «Cuando le grité ayer en presencia de todos —declaró Bill—, probablemente usted sintió deseos de decirme "¿Cómo se atreve a hacerme esto? ¿Es que no siente ningún respeto por mi posición aquí? ¿Quién se cree que es, importantísimo director, para hacer tal escena?"» El empleado se sorprendió de que Bill manifestara su propio resentimiento y comenzó a sonreír. Bill prosiguió: «¿Y sabe una cosa? Si yo fuera usted, quizá me ofendería que al director no parecieran importarle mis sentimientos y temería que nuestra relación se hubiera echado a perder para siempre». El empleado asintió entusiasmado y replicó: « Sí, exactamente fue eso lo que sentí». «Bien, lo lamento —se disculpó Bill—. Sencillamente lo hice sin reflexionar. En realidad, después comprendí el daño que le hice.» «Me parece que de verdad lo entendió», replicó el empleado cuando se estrecharon la mano.

Tras referirnos aquella historia, Bill afirmó que fue notable el cambio experimentado en el estudio tras la práctica de la duplicación con aquel empleado; la gente se mostró alegre, la grabación transcurrió a las mil maravillas y aquel día acabaron el trabajo antes de lo previsto. Si Bill se hubiera limitado a decir «Lo siento» y el empleado hubiera respondido «No tuvo importancia», la situación habría mejorado, pero solo en apariencia. Mediante la práctica de la duplicación Bill permitió que la liberación emocional surgiera de un nivel más hondo y mostró al empleado que sus sentimientos habían sido realmente comprendidos.

Sally empleó la duplicación con Brian, su hijo de seis años. Estaba previsto que Brian pasara el fin de semana en casa de un amigo, pero surgió un imprevisto y Sally no pudo llevarle en su coche hasta allí. Brian dio rienda suelta a su indignación y empezó a pelearse con su hermana menor. Sally decidió practicar con él la duplicación. «Mira, Brian, si yo fuese tú, pensaría: "Qué mala es mamá. La odio. Es la peor mamá del mundo. Me promete algo y luego se arrepiente. Este es el peor fin de semana de mi vida. No me divertiré nada".» Cuando Sally expresó lo que pensaba que sentía su hijo, Brian se echó a llorar y comenzó a liberar y percibir su propia emoción. Su madre había manifestado sus sentimientos reprimidos y él se sintió aliviado.

La duplicación no constituye simplemente una técnica curiosa para entender el punto de vista de la otra persona, sino que representa además la oportunidad de disolver la tensión emocional acumulada, de decir la verdad completa y conectarse con ese otro ser en un profundo nivel emocional. Todos necesitamos percibir que alguien entiende verdaderamente lo que sentimos. La duplicación colma esta necesidad humana natural y le permite resolver su íntima tensión emocional y liberar emociones indeseables como la frustración, la ansiedad y la depresión.

2

El
Proceso
de la cólera...

2. El Proceso de la cólera

El Proceso de la cólera es una técnica sencilla pero profundamente eficaz para desembarazarse de la rabia y evitar el odio hacia uno mismo y el sentimiento de culpa. Siempre que se enfurece por algún motivo es porque sufre una frustración en su deseo de conseguir o poseer algo. Puede descargar fácilmente parte de la tensión relativa a la cólera y a la frustración si reconoce y expresa el deseo o la intención malogrados.

Mediante la expresión plena de su ira y su censura, puede experimentar y manifestar lo que anhelaba o esperaba. Sintiendo y expresando lo que quiere, comenzará a percibir de manera muy natural aquella parte de usted que sabe que: «Merezco conseguir lo que quiero». Bajo la ira radica el deseo y bajo este hay una sensación de amor hacia uno mismo y un sentido de la propia valía.

Veamos un esquema útil de los orígenes de la cólera:

RABIA/CENSURA
↓
NO LO CONSEGUÍ
↓
QUIERO
↓
MEREZCO
↓
SOY

(Amor a sí mismo, conciencia de la propia valía,
fuerza interior)

El Proceso de la cólera es una forma de volver sobre sus pasos y convertir su ira en la fuerza positiva que en realidad radica en su origen. A partir de ese esquema ahora será capaz de advertir las consecuencias obvias de suprimir o encerrar su cólera. Cuando rechaza sus sentimientos de ira, de inmediato empieza a perder contacto con sus anhelos y deseos naturales. Luego, tras haber embotado sus aspiraciones, comienza a negar sus sentimientos innatos respecto de la propia valía, y del amor y la estima hacia sí mismo. Al rechazar su cólera, prescinde de su fuente que es el auténtico origen de su fuerza, poder y confianza.

Es probable recobrar su fuerza íntima mediante el empleo del Proceso de la cólera y sentirse mejor en cuestión de minutos. El Proceso de la cólera tiene tres etapas.

PRIMERA ETAPA
Irritación consigo mismo

Siempre que cometa un error, pierda una oportunidad o se decepcione a sí mismo utilice ese «trastorno» como una oportunidad para irritarse con su propia persona. Comience el proceso mirándose al espejo para enfadarse consigo mismo.

Emplee frases como:

«Me siendo dolido contigo por...»
«Te detesto por...»
«Me exasperas cuando...»
«No me gusta que...»
«Me avergüenzas cuando...»

Comience a expresar en voz alta toda la censura y la rabia posibles, racionales o irracionales, que le vengan a la mente. Puede recurrir a gritos y chillidos o emplear tan solo un deliberado tono airado o firme (Nota: Si opta por vociferar, es posible que pierda fácilmente contacto con los verdaderos sentimientos; los gritos pueden ser un modo de evitar los que sean auténticos.)

Asegúrese de utilizar declaraciones referidas a la segunda

persona y no a la primera. Eso permite que la rabia escape en lugar de quedar contenida. Por ejemplo:

NO DIGA:	DIGA:
Me detesto	Te detesto
Soy un desastre	Eres un desastre
Odio ser tan débil	Odio TU debilidad
Me exaspera mi cobardía	Me exaspera que te acobardes

Pase a la segunda etapa al cabo de dos o tres minutos de expresar sin cortapisas e incluso exageradamente su rabia y su censura.

SEGUNDA ETAPA
Convertirse en motivador

En la segunda etapa se convierte en motivador de sí mismo. Manteniendo el mismo tono de voz airado y asertivo, comienza a motivarse con la declaración de lo que desea y lo que no quiere. Por ejemplo:

Deseo que seas más responsable.
No quiero que renuncies demasiado pronto.
Deja de comportarte como un cobarde.
Compórtate como un adulto.
Deseo que te apartes de ahí.
Quiero que triunfes.
Deseo que estés satisfecho de ti.
Quiero que dejes de estar siempre quejándote.

Pase a la tercera etapa al cabo de dos minutos de expresar sus deseos e intenciones.

TERCERA ETAPA
Convertirse en su propio animador y jaleador

Utilizando el mismo tono de voz firme, prosiga la expresión de sus sentimientos mediante declaraciones positivas y alentadoras. Por ejemplo:

Puedes lograrlo.
Mereces triunfar.
Mereces ser respetado.
¡Eres maravilloso!
¡Eres magnífico!
Me encanta tu valor y tu fortaleza.
Creo que eres el mejor.
Te quiero.
Triunfarás.
Agradas a todo el mundo porque eres una persona verdaderamente encantadora.

En resumen,
el Proceso de la cólera tiene tres etapas:

Etapa 1 Exprese la rabia y la censura.
(Emplee declaraciones en segunda persona para expulsar la ira.)

Etapa 2 Exprese lo que desea.
(Emplee declaraciones bajo la forma de «yo quiero».)

Etapa 3 Exprese declaraciones positivas, afectuosas y alentadoras.

Cuándo y cómo practicar el Proceso de la cólera

Siempre que se sienta deprimido, está censurándose en algún punto de su subconsciente. La ira le permite remontar y exponer esos sentimientos y luego extraer el amor y la fuerza íntimos. **Este proceso puede ser más eficaz si lo practica con otra persona.** Imagine que su pareja es usted y comience a expresar su rabia y su censura. Su pareja repetirá luego cada una de las frases.

Es preciso experimentar el resultado enérgico y fortalecedor de este proceso; no es posible describirlo ni imaginarlo. La próxima vez que desee sentirse mejor, más consciente, más vivaz, más fuerte o expresivo, busque en sí mismo algo con lo que irritarse. Si no encuentra nada, invéntelo o evoque un episodio de su pasado. Si se halla en una situación en que resulta inadecuado manifestar tales sentimientos, puede escribirlos. Algunas personas graban el Proceso de la cólera y luego lo reproducen, duplicando cada frase. Recuerde que cuando realice la grabación debe dejar espacio para las repeticiones.

Es posible enseñar fácilmente este proceso a sus amistades. Bríndeles con este fin una breve explicación y ejercítelo sencillamente, haciendo que repitan cada frase.

Un beneficio marginal de contar con otra persona (cónyuge, amigo, etc.) para que duplique su ira es que liberará su rabia hacia usted y se sentirá mucho más próxima.

Cuando en mi trabajo alguien siente resistencia y tensión, practicamos juntos el Proceso de la cólera. En este caso, todos los miembros del personal se encargan de repetir las frases de la persona irritada con ellos.

3

La Técnica de la carta de amor...

3. La Técnica de la carta de amor

La Técnica de la carta de amor es la definitiva para compartir y expresar toda la verdad con el fin de resolver un conflicto emocional tanto dentro de uno mismo como en sus relaciones. No es solo un instrumento potente para la curación emocional, sino que a través de su práctica aprenderá más acerca de sus propios sentimientos y sobre lo que realmente significa decir la verdad.

A lo largo de los años miles de personas han asistido a mis seminarios y han llegado a dominar la práctica de la Técnica de la carta de amor. Los que han seguido tales cursillos señalan que en cuestión de minutos son capaces de resolver conflictos emocionales que de otra manera se les antojarían inabordables y acabarían por ser reprimidos.

El formato de la carta de amor

Para escribir una carta de amor comience por expresar su ira, su resentimiento y su censura, y discurra a través de los demás niveles hasta descender al amor.

Cada carta de amor posee cinco partes; las siguientes frases de introducción pueden ayudarle si se queda atascado en un nivel y necesita pasar al siguiente.

1. **Rabia y censura**
   No me gusta cuando...
   Me ofende...
   Me exaspero cuando...
   Estoy harto de...
   Estoy cansado de...
   Quiero...
2. **Agravio y tristeza**
   Me entristece que...
   Me duele que...

Me horroriza que...
Me decepciona que...
Quiero...

3. **Temor e inseguridad**
   Me asusta que...
   Temo que...
   Me da miedo que...
   Quiero...

4. **Culpa y responsabilidad**
   Siento que...
   Lamento que...
   Perdóname por...
   No pensé que...
   Deseo...

5. **Amor, perdón, comprensión y anhelo**
   Te quiero porque...
   Te quiero cuando...
   Gracias por...
   Comprendo que...
   Te perdono por...
   Quiero...

Recuerde:
¡Si desea sentirse mejor, escriba una carta de amor!

El propósito de la carta de amor

La finalidad de la carta de amor consiste en expresar y liberar los sentimientos negativos que le impiden experimentar y compartir el amor que advierte dentro de sí. La denominamos carta de amor no porque comience diciendo «Querido ángel mío, te quiero con todo mi corazón...», sino porque *el propósito de la carta de amor estriba en resolver cualquier emoción que impida que fluya el amor.* La estructura de la carta de amor está basada en los cinco niveles de sentimientos antes mencionados.

¿Por qué molestarse en dedicarse a anotar todos esos sentimientos? La respuesta es simple:

Las disputas verbales no conducen a ninguna parte.

Si comienzo a expresar rabia con la intención de revelar a mi pareja los propios agravios, temores y culpas, descendiendo por fin hasta el amor, nunca llegaré muy lejos. Mi pareja percibirá mi rabia, se enfurecerá y me interrumpirá. Incluso si accede a escucharme, la observación de las expresiones de su cara y sus emociones me impedirá discurrir serenamente a lo largo de mis sentimientos. Escribiéndolos a solas conforme a un estilo estructurado (la carta de amor), otorgaré a mis emociones una oportunidad de progreso y curación.

La segunda característica de la carta de amor estriba en contar con alguien que le lea en voz alta lo que usted haya escrito. Así se consiguen varios fines:

1. Usted escucha sus propias emociones expresadas y exteriorizadas, facilitándole así la posibilidad de desembarazarse de tales sentimientos.

2. La persona que lea la carta experimentará sus propias emociones mientras expresa las de usted. Cuando en su carta llegue usted al amor, ella sentirá también que alcanza ese nivel. Si quien lee se sentía marginada, fría o emocionalmente aislada, empezará a sentirse de otra manera al expresar en voz alta sus palabras.

Cómo escribir una carta de amor

1. Comienzo – En ocasiones, lo más difícil es decidirse a escribir una carta de amor a la pareja. Trate de no estar en la misma habitación que ella cuando escriba la misiva. No es necesario sentir cariño cuando empiece a escribir una carta de amor. Sea cual fuere su talante, si pretende sentirse mejor comience por escribir una carta de amor.

2. **Incluya todos los niveles de sentimientos** – Empiece redactando la carta en el primer nivel de sentimientos (rabia y censura), y pase poco a poco por cada nivel hasta llegar a sus sentimientos positivos. Recuerde que los niveles básicos de la emoción son:

1. Rabia, censura y resentimiento
2. Agravio, tristeza y decepción
3. Temor e inseguridad
4. Culpa, pesar y «lo siento»
5. Amor, perdón, comprensión e intención

3. **No modifique la expresión de sus sentimientos** – El propósito de la carta de amor consiste en exponer todos sus sentimientos, incluso aquellos con los que quizá no esté de acuerdo una parte de su mente; es posible que algunas manifestaciones parezcan inútiles pero no las altere cuando escriba. Sus sentimientos nunca tendrán sustancia a menos que manifieste todas las emociones incoherentes y negativas.

¡¡¡NO TRATE DE SER RACIONAL!!! Permita que se exprese en el papel el niño herido, asustado y airado que lleva dentro de sí. Es posible que dé la impresión de comportarse como un niño pequeño presa de una rabieta. Puede mostrarse como un malvado o como un estúpido. Es posible que muestre aquellas partes de sí mismo que no quería revelar. Este **no** es el momento de mostrarse cordial, comprensivo o razonable, sobre todo en las primeras secciones de la carta; aguarde hasta descender de un modo natural hasta el amor. Incluso si solo un 1 por ciento de usted siente ira, exprésela como si toda su persona la experimentara.

4. **Rabia y censura** – ¡No muestre afecto cuando comience a escribir la carta con rabia y censura! Inclínese por esa parte

de usted que considera que tiene razón y que quien se equivoca es la otra persona: «¡Eres tan mezquino, estúpido y egoísta!». Libere toda su ira. No la intelectualice. He aquí un ejemplo del modo en que NO debe proceder: «Sé que tu padre nunca te quiso y que en consecuencia no te gusta ser afectuoso, pero me disgustó que no me besases ayer al darme las buenas noches». Esa mujer está analizando sus sentimientos en vez de expresarlos, por ejemplo, de la siguiente forma: «Me exaspera que nunca seas afectuoso, ayer ni siquiera me besaste al darme las buenas noches...».

5. **Agravio y tristeza** – Al cabo de un tiempo empezará a advertir que emergen algunos sentimientos de agravio y tristeza. Es incluso posible que se eche a llorar. Esto se debe a que el agravio y la tristeza subyacen bajo la ira y usted habrá expresado bastante de la misma en su carta para comenzar a sentir el auténtico agravio. Cuando repare en esta transición, pase al segundo nivel y exponga sus sentimientos de agravio y tristeza: «Me sentí tan ofendida cuando ayer no me besaste al darme las buenas noches. Me sentí desolada. ¿Cómo pudiste hacerme eso?».

6. **Temor e inseguridad** – Tras manifestar durante un rato el agravio, empezará a sentir miedo o cierta inseguridad, pasará al tercer nivel y escribirá esos sentimientos: «Temo que nunca me besarás tanto como quiero. Temo que estés irritado conmigo. Me da miedo pensar en que me abandones».

7. **Culpa y «Lo siento»** – Tras manifestar sus temores y lograr una perspectiva más amplia de lo que en realidad siente, ha llegado el momento de expresar el nivel siguiente y de asumir la responsabilidad de lo que escribe: «Siento que no nos entendamos. Siento que te criticara cuando volviste del trabajo y que por eso no desearas besarme...».

8. **Amor, perdón, comprensión y anhelo** – Tras expresar esos cuatro niveles de sentimientos, empezará a percibir la vinculación emocional con la persona a la que escribe, sintiéndose de nuevo más fuerte. De manera natural se hallará en contacto

con su amor, comprensión y perdón. «Te quiero tanto. Eres un marido maravilloso. Deseo que seamos más afectuosos...»

9. No confíe en ser consciente del amor cuando inicie la carta – Al empezar su carta de amor, es posible que sienta rabia y resentimiento, quizá un poco de agravio y no mucho más. Comience manifestando la ira y la censura, y verá cómo sus emociones pasan luego al nivel siguiente y después a los posteriores. **¡No aguarde a escribir la carta hasta que se halle en contacto con el amor!** Precisamente por eso escribe, para operar a través de las emociones que le impiden sentir ese amor. Es posible que en ocasiones necesite emplear algunas frases de introducción y practicar la conclusión de frases para que le ayuden a desplazarse a lo largo de los diferentes niveles. Al final del presente capítulo hallará algunas instrucciones más específicas.

10. Repetición de niveles – Puede que al expresar por escrito su ira, su agravio y su miedo sienta de nuevo rabia. Es normal. Retorne a la ira y recuerde que al proseguir tendrá que operar también con el agravio y el miedo.

11. Nunca termine su carta de amor hasta haber llegado al cariño – Esta indicación es muy importante. Si deja de escribir antes de alcanzar el afecto, esa NO será una carta de amor. Interrumpir su misiva y dejar de escribir significa renunciar a que el amor realice su tarea. El amor está debajo; de lo contrario no se sentiría tan irritado/herido/temeroso. Así que tenga paciencia, siga escribiendo y aflorará.

12. Equilibre las partes de su carta de amor – Asegúrese de que tengan una extensión proporcionada. No escriba tres páginas de ira, una página de agravio, dos párrafos de temor y de culpa y una línea de amor y aprecio al final de la carta de amor. Cada una de estas misivas debe contener algo de cada uno de los cinco niveles.

13. No defienda su posición o se limite a exponer su punto de vista – *El objetivo de la carta de amor no consiste exclusivamente en transmitir una información, sino también en expresar emoción.*

Así, por ejemplo, no debe escribir: «Cuando llegaste a casa y me contaste lo que te había dicho tu jefe, pensé que querías darme a entender que tendrías que trabajar hasta tarde y por consiguiente me molestó. Pero creí que te enfadarías si te lo decía y por tanto aguardé hasta después de la cena para hablarte».

Esto es una **explicación**. Por el contrario, en una carta de amor tendría que escribir: «Me exaspera que trabajes hasta tarde. Me molesta que no vengas a casa para estar conmigo. Me entristece ver cuánto trabajas. Me duele no tenerte aquí. Temo que no te veo lo suficiente. Y temo que te enfadarás por sentirlo así».

¿Advierte la diferencia?

14. Escriba la carta de amor para sí mismo con objeto de resolver sus propias emociones y llegar hasta su propio amor – No redacte la carta con el propósito de cambiar a su socio, a su madre, etc. Se sentirá mejor cuando cree una carta de amor, así que aunque la otra persona se niegue a hacer otro tanto, siga adelante y redacte la suya.

Qué hacer cuando haya escrito una carta de amor a su pareja

1. Tras haber redactado su carta de amor, entréguela a su pareja y pídale que se la lea en voz alta, como si ella la hubiera escrito, como si fuese su autora (asegúrese de que su letra sea clara o, si lo prefiere, escríbala a máquina).

2. Quien lea, debe esforzarse en la tarea, recreando los sentimientos de la persona que la escribió. Sin embargo, en ocasiones resulta difícil leer en voz alta los sentimientos negativos que usted experimenta hacia esa persona. La voz de quien lee puede tornarse muy monótona (sobre todo, si al mismo tiempo tiene que esforzarse por controlar sus sentimientos). *¡No acuse a su pareja de leer mal la carta si se expresa sin mucho sentimiento!*

Pídale que lea varias veces la misiva en voz alta hasta que desaparezca su embotamiento. A medida que desgrane las palabras y se produzca un progreso a través de las diferentes emociones hasta llegar por fin al amor, empezarán a fluir sus sentimientos.

3. Si su pareja escribe también una carta de amor, léasela tras haber concluido ella la lectura de la carta inicial. Es posible que opten por alternar unas cuantas veces esta tarea si no se sienten mejor tras la primera vez. Después de leer la carta de la otra persona, quizá usted desee leer su propia misiva en voz alta.

4. Si su pareja no escribió una carta de amor, bien porque se negó o porque insistió en que no se sentía trastornada, *no se sorprenda si se muestra alterada tras la lectura de su carta*. Eso significa que su misiva constituyó un éxito. Ahora su pareja se halla en contacto con sus sentimientos reprimidos y es capaz de escribirle una carta de amor. Cuando usted expresa la verdad, crea una seguridad que también permite que emerjan los sentimientos de su pareja.

5. Si usted lee la carta y una línea en particular le afecta o trastorna, deténgase y reléala varias veces. Probablemente le alteró porque aportaba algunos sentimientos intensos y su repetida lectura le ayudará a liberar esas emociones.

6. Si lee la carta de amor con su pareja y todavía no se siente mejor, puede hacer lo siguiente:

a. Escriba otra carta; tal vez no haya extraído los sentimientos más profundos.

b. Lea en voz alta su carta a su pareja; quizá eso contribuya a liberar las emociones.

c. Relea la carta de su pareja y haga que ella relea la suya.

d. Dejen las cartas de amor durante una hora y sepárense, acordando volver a reunirse para leerlas. **Hasta entonces no se comunique en absoluto con su pareja.**

Normas para la lectura de las cartas de amor

1. Nunca interrumpa la lectura de una carta de amor hasta haber llegado al final. Este sería un método tortuoso de lograr que persistieran los sentimientos negativos de su pareja hacia usted sin recibir su amor o sus disculpas. Acceda a leer toda la carta, diga lo que diga, hasta el final.

2. Mientras lee la carta no formule comentario alguno de este estilo: «¿Cómo puedes decir eso? ¡Tú eres peor que yo!» o «Me llamas estúpido, la estúpida eres tú». No se permita ninguna observación al respecto. Limítese a leer los sentimientos de la otra persona y a percibir los propios.

Escribir una carta de amor a una persona que no sea su pareja íntima

Redactar cartas de amor para alguien que no constituya su pareja (padres, hijos, amigos, hermana, hermano, jefe, etc.) representa un modo maravilloso de liberar y resolver las emociones negativas que sienta hacia ese ser y de percibir más afecto y armonía en sus relaciones. Pero si escribe una carta de amor a su padre, a su compañera de habitación o a su mejor amigo, debe atenerse a esta importante observación:

Bajo ninguna circunstancia entregue su carta de amor a la persona a la que la dirigió antes de haberle explicado las características y el propósito de la misma.

El intercambio de cartas de amor resulta apropiado en todas las relaciones con familiares, amigos, compañeros de trabajo y personas de su círculo inmediato. La técnica de la misiva **no** debe ser usada como una oportunidad de arrojar sus disposiciones negativas, sino con el fin de compartir sus sentimientos hasta remontarse al afecto y el aprecio. Resulta conveniente rebajar al comienzo el tono en la sección de la rabia. Su madre sufriría una auténtica impresión si le enviase una carta en que dijera: «¡Qué estúpida eres, mamá! Has echado a perder mi vida»! **No confíe en que las personas de su vida compartan con usted cartas de amor sin un claro entendimiento de sus principios**. En algunos casos, tal vez no resulte apropiado compartir una carta de amor. Pero puede escribir esas cartas y hacer luego que las lea un amigo.

1. Si escribe una carta de amor a una persona con la que carezca de una gran intimidad o que sea incapaz de responder, pida a alguien próximo que se la lea en voz alta. Eso tendrá un efecto maravilloso en los dos. Puede que quiera enviar una carta de amor sin la sección de la ira. O si pretende escribirla a su hijo de tres años, solicite a su marido que se la lea a usted.

2. Si redacta la carta de amor para alguien que no entiende la técnica correspondiente, tras haberla escrito y resuelto sus sentimientos, puede comunicar toda la verdad a esa persona tanto verbalmente como por teléfono o sobre el papel. Por ejemplo:

«Ya sabes, mamá, que la pasada semana me **enfadé** contigo por llamarme para quejarte tanto de tu salud. Me **duele** oírte decir que estás enferma y **temo** que tu afección empeorará. Me siento impotente porque no soy capaz de hacer nada para ayudarte y **lamento** que en ocasiones me muestre impaciente. ¡Te **quiero** y deseo que te cuides más y que mejores!» Advierta que esta comunicación contiene los cinco niveles de sentimientos. Conseguirá transmitirlos con facilidad y sin una carga emocional tras expresar las emociones más intensas en una carta completa de amor y lograr que alguien se la lea a usted.

3. Una vez que se desenvuelva a gusto con las cartas de amor y comparta este libro con miembros de su familia, sin duda pueden emplear juntos la técnica. Pero cerciórese de que todo el mundo entiende las normas sobre el modo de redactar correcta-

mente cartas de amor y la filosofía que las respalda expresada en la presente sección. He alcanzado éxitos asombrosos en el empleo de cartas de amor con padres e hijos, hermanos y hermanas, etc.

Qué hacer cuando su pareja no desea leer su carta de amor o escribir otra por su parte

En ocasiones, usted (o su pareja) decide escribir una carta de amor para resolver un conflicto y la otra persona se niega a adoptar la técnica. ¿Qué decisión es preciso tomar?

1. No emplee su negativa como una excusa para aferrarse a sus sentimientos negativos; escriba en cualquier caso su carta de amor. Obrará en beneficio de sí mismo. Ganará retirando todas esas emociones de la vía de su amor.

2. Cuando haya concluido su carta, preséntela a su pareja y pídale que se la lea.

3. Si su pareja se niega, **bajo ninguna circunstancia siga comunicándose con ella hasta que la haya leído**. De no atender a esta recomendación, tenga la seguridad de que de inmediato surgirá una disputa, a no ser que usted suprima por completo sus sentimientos, lo que es igualmente nefasto. Limítese a decir a la otra persona: «Me sentí mucho mejor al escribir esta carta. Quiero que la leas para que arreglemos la situación. Hasta entonces, no deseo comunicarme contigo porque sé que empezaríamos a discutir. Volveré a verte dentro de un rato». Luego conságrese a sus actividades y vuelva al cabo de una hora o en el momento que considere oportuno. Si todavía se niega a leer la carta, déjela y pruebe más tarde. Tras cierto tiempo, su pareja sentirá curiosidad acerca de su carta y accederá a leerla. Si no sucede así, tendrá que reconsiderar seriamente su relación y decidir si le conviene tener una pareja que no desea cooperar y participar en la solución de conflictos.

Qué hacer cuando hayan acabado de leer sus cartas

Nunca tire sus cartas de amor. Le sugiero que las guarde en un mismo sitio, en un cajón o una carpeta. Luego, si de pronto un día las necesita, elija una vieja carta y entréguesela a su pareja para que la lea. Le sorprenderá advertir que buena parte de sus cartas de amor se refieren a temas idénticos. La mayoría de las personas discuten una y otra vez acerca de las mismas cosas. Hay diez temas básicos de las cartas de amor.

Tema 1: ¿Por qué no trabajas más? Tema 2: ¿Por qué me criticas tanto? Tema 3: Me exaspera que te encierres en ti mismo, etc. En un apuro, elija una carta de amor acerca del tema sobre el que discuten; léala primero en voz alta y luego haga que su pareja también la lea en alto. No se limite sin embargo a este método, puesto que siempre resulta mejor escribir una nueva carta de amor.

La otra ventaja de guardar las cartas de amor estriba en que le permitirá advertir su desarrollo y ver cuántos progresos realiza en la tarea de lograr que el afecto ejerza un efecto en su vida. Relea sus cartas de amor cuando no se sienta trastornado, con el fin de lograr una nueva perspectiva y de observar cuán pequeñas parecen realmente sus montañas emocionales si percibe que es amado y que ama. En los momentos en que se encuentre alterado, las cosas se desorbitarán con facilidad. Una nueva lectura de sus cartas de amor proporcionará a su inconsciente una valiosa información sobre lo acaecido y constituirá un excelente punto de referencia para equilibrar futuras reacciones emocionales.

Recuerde: cuando concluyan viejos conflictos y se resuelvan antiguos problemas, surgirán otros nuevos, hasta que se hallen curados todos sus sentimientos reprimidos. Cada conflicto, trastorno o crisis se convierte en una oportunidad de extraer desde niveles más profundos su potencial afectivo cuando utiliza la Técnica de la carta de amor como un mapa con que explorar sus sentimientos.

Qué hacer en una emergencia emocional

¿Ha iniciado alguna vez con su pareja una pelea justo cuando entraban en un restaurante?

¿Ha organizado una gran fiesta y junto antes de que llegaran los invitados ha comenzado a discutir con su marido o su esposa?

¿Qué hacer cuando necesita escribir una carta de amor pero sólo dispone de cinco minutos?

¡Pues escribir una minicarta de amor!

Aproveche un pedazo de papel, una servilleta o un sobre; cualquier cosa servirá. Escriba una sola frase referida a cada uno de los cinco niveles de sentimiento. Por ejemplo: Maxine considera que Sean no aprecia su aspecto y están a punto de entrar en un restaurante para reunirse con unos amigos:

Querido Sean:
1) Estoy muy irritada contigo por comportarte como un estúpido y no decirme que estoy muy guapa.
2) Realmente me duele que no me prestes atención y no me consideres alguien muy especial.
3) Temo que no te sientes orgulloso de mí y que ya no te intereso como antes.
4) Lamento excederme a veces en mis reacciones y aislarme de ti.
5) Te quiero mucho y deseo que lo pasemos muy bien esta noche. Vamos a intentarlo.

Con cariño,
Maxine

Aunque Maxine no haya tenido tiempo de expresar mejor su rabia y su agravio, se hallará más en contacto con sus sentimientos y otro tanto le sucederá a Sean. Luego, cuando tengan una oportunidad, podrán redactar versiones más largas de la carta de amor para resolver realmente la cuestión.

Indicaciones para facilitar la redacción de sus primeras cartas de amor

1. Si su pareja y usted desean emplear la Técnica de la carta de amor pero se muestran un tanto nerviosos acerca de la idea de expresar sus sentimientos o quieren ganar más confianza en los resultados de esta técnica, sigan los siguientes consejos: cada uno escribe una carta de amor a una persona de su vida que no sea su pareja (su madre, su padre, su jefe...). Intercambia luego su carta de amor con la de su pareja y lee la de esta. Cuando advierta que se siente mejor tras la redacción y lectura de las cartas de amor así como más afectuoso hacia la persona a quien se dirigió, incluso no estando presente, comenzará a confiar en el proceso de la carta de amor. Ahora pueden tratar de escribirse mutuamente, un poco más seguros de que el sistema funciona.

2. Es posible que sus primeras cartas de amor sean muy largas y quizá le lleve algún tiempo descender de la ira hacia las demás emociones, sobre todo si en su relación ha habido muchos sentimientos reprimidos. Le sugiero que no trate de incluir en una carta todas las emociones que haya experimentado respecto a su pareja. Si sus cartas de amor le exigen mucho tiempo, aborde solo cuestiones específicas en vez de tratar de referirse en un solo texto al sexo, el dinero, el poder, la comunicación y la compatibilidad.

Sugerencias útiles
para escribir cartas de amor

Tras años de redactar cartas de amor y de orientar a otras personas a través de sus sentimientos, he desarrollado varias técnicas que permiten la plena expresión de estos en cada nivel. Cuando la tensión emocional en cada una de las etapas queda liberada a través de la escritura, puede pasar sin esfuerzo al nivel siguiente. Examinemos cada uno por separado.

PRIMER NIVEL
Rabia y censura

Si se halla emocionalmente trastornado o embotado de algún modo, es que alberga en su interior cierta rabia. Quizá no sea consciente de ese hecho, porque resulta fácil reprimir la sensación. Es absolutamente esencial comenzar cada carta de amor con la expresión de esa ira. Sin manifestar y liberar la rabia, nunca llegará a descender al nivel más hondo del amor que se encuentra dentro de su ser.

Si se descubre atascado, puede optar por emplear cualquiera de estas frases de introducción para ayudarle a expresar y liberar su rabia:

«Me exaspera que...»

«No me gusta que...»

«Si yo no fuese una personal cordial, me irritaría que...»

«Me enfureces cuando...»

«Estoy harto de...»

He aquí unos ejemplos del empleo de la frase de introducción «Me enfureces cuando...»:

«Me enfureces cuando no me alabas.»

«Me enfureces cuando te quejas durante todo el día.»

«Me enfureces cuando no me escuchas.»

Repita simplemente la frase de introducción y complétela luego con los sentimientos que le surjan.

La sección de la ira en la carta de amor constituye el momento de liberar sus críticas y censuras sin tratar de ser razonable o responsable. Yo la concibo como una rabieta sobre el papel. Supone la ocasión de permitir que emerja el niño que lleva dentro de sí. Resulta perfectamente adecuado emplear todo género de rechazos psicológicos como estos:

«**Siempre** haces eso.»

«**Nunca llegas** puntual.»

«**Deberías** tener más juicio.»

Siéntase en libertad de formular cuantas quejas quiera. Deje que se exprese completamente la parte crítica de su personalidad.

Es importante que se permita las generalizaciones e incluso las injurias, pero otórguese también la oportunidad de mostrarse específico. Por ejemplo, en vez de decir «Me exasperas cuando te portas mal conmigo», opte por «Me exasperas cuando te portas mal conmigo. ¿Cómo pudiste hacerme esperar dos horas en el centro comercial?». Escribir «Te odio, te odio» una y otra vez resulta demasiado generalizador. Hay que ser más concreto para que se produzca una liberación. Algunas personas vociferan y gritan generalidades y creen estar descargando una tensión emocional, cuando los resultados que obtienen son más debidos a la represión a través del agotamiento.

Es asimismo valioso intercalar periódicamente sus expectativas e intenciones a través de cada nivel. La expresión «Quiero» es la más fuerte de una intención. Veamos cómo encajaría en el nivel primero, el de la rabia y la culpa:

«**Te odio cuando** me tratas como si estuviera arruinando tu vida. **Te odio cuando** dices que no te importa. **Te odio cuando** pierdes el dominio de ti mismo y me gritas. **Te odio** cuando me ignoras. **Quiero** que me demuestres que te importo. **Quiero** que asumas también la responsabilidad de nuestros problemas.»

He aquí otras frases útiles de introducción:

«**Me desesperas cuando**...»

«**Estoy tan harto de oír** tus quejas...»

«**Eres tan estúpido**...»

«**Te comportas como** un idiota...»

«**¿Cómo crees que me siento cuando**...?»

«**¿Cómo puedes**...?»

Cuando haya completado la sección de la ira, pase a la del agravio y la tristeza.

SEGUNDO NIVEL
Agravio y tristeza

Algunas de las frases que le ayudarán a expresar este nivel de emoción son las siguientes:

«Me siento triste cuando...»

«Me entristece porque...»

«Me duele que...»

«La razón de que me sienta ofendida es que...»

«Me decepciona que...»

«Me entristece pensar....»

«Me entristece verte...»

Del mismo modo que en el nivel primero, resulta conveniente emplear expresiones como: «Quiero...», «Necesito...»

Una mujer puede, por ejemplo, experimentar estos sentimientos respecto de su pareja: «**Me duele que** no te acerques para besarme y abrazarme. **Me duele que** no te sientas atraído por mí. **Me entristece** que no estés a gusto a mi lado. **Quiero** que me alabes. **Me pareció muy mal** que no te fijases en mi nuevo vestido. **Quiero** que te sientas orgulloso de mí».

Cuando haya concluido el segundo nivel, pase a la expresión de sus temores.

TERCER NIVEL
Temor e inseguridad

«**Temo que** ya no te gusto...»

«**Temo que** volverás a herirme...»

«**Temo que** ya no te importo.»

«**Temo** no ser ya capaz de hacerte feliz.»

«**Temo que** no podrás perdonarme...»

«**Temo que** no te gustará esta carta...»

Como antes, resulta útil intercalar en esta sección expresiones de intención:

«Quiero...», «Necesito...», «Deseo...», por ejemplo: «**Temo que** nunca nos entenderemos. **Temo que** nuestro matrimonio irá a peor. **Temo que** nunca cambiarás. **Temo que** nunca seré bastante para ti. **Temo que** me hieras. **Quiero** que me aprecies. **Quiero** que me aceptes. **Necesito** sentirme segura a tu lado. **Desearía** que me aceptases tal como soy».

Cuando haya terminado con este nivel, pase al siguiente: culpa y responsabilidad.

CUARTO NIVEL
Culpa y responsabilidad

La mayoría de las personas creen que para sentirse culpables o lamentar algo, han de haber errado o ser las únicas responsables. Este planteamiento nos impide experimentar nuestros sentimientos naturales de culpa. No es necesario que haya causado un daño o un agravio a alguien para lamentarlo. Si mi madre está enferma, lo lamento. Si accidentalmente hiero a alguien, lo siento aunque sea inocente. En el nivel cuarto de la carta de amor cuenta con la oportunidad de expresar y liberar sus sentimientos de culpa y responsabilidad:

«**Lamento** haberte herido...»

«**Lamento** que no pueda hacerte feliz...»

«**Lamento** ser a veces mezquino...»

«**Lamento** que nos hayamos peleado...»

«**Lamento** haberme mostrado tan frustrado y furioso...»

«**Lamento** haberte criticado delante de toda esa gente...»

«**Lamento** haber hecho cosas tan estúpidas...»

«**Te ruego que me perdones** por haberte rechazado...»
«**Me duele** haberte puesto en evidencia...»

Puede incorporar también expresiones de intención como «Quiero...» y «Deseo...».

He aquí un ejemplo de la combinación de la culpa y la intención: «**Lamento** que hayamos vuelto a pelearnos. **Lamento** haberme enfurecido tanto. **Lamento** haber esperado tanto tiempo a escribir esta carta. **Lamento** no hacerte feliz. **Lamento** que nos hiramos mutuamente. **Quiero** pasar contigo unas vacaciones maravillosas. **Quiero** enmendarme y ser cariñoso. **Lamento** haber perdido los estribos. **Quiero** aceptarte y ayudarte. **Quiero** que seas feliz. **No pretendía** echar a perder nuestro viaje. **Quiero** que pasemos unos días inolvidables. **Perdóname** mi rabieta. **Debería** haber escrito antes una carta de amor. **Lamento** haberte ofendido».

Recuerde: no se defienda cuando exprese su culpa. El objetivo de la carta de amor no consiste en tener razón o no tenerla, sino en compartir sus sentimientos sinceros. **No es preciso que se haya comportado mal para sentirse culpable o lamentarlo.** Decir que lo siente proporciona a su pareja una oportunidad de quererle y perdonarle.

Tras completar la sección de culpa, constituye una tarea fácil y genuina expresar sentimientos de amor, perdón, comprensión e intención.

QUINTO NIVEL
Amor, perdón, comprensión e intención

Cuando haya manifestado y liberado plenamente las emociones de los primeros cuatro niveles, el resultado natural es un sentimiento de amor y aceptación. Esta no significa hallarse totalmente de acuerdo con la conducta de la otra persona, sino simplemente que está dispuesto a quererla de nuevo. Defino la palabra perdón como la voluntad de entrega previa. «Soy capaz de amarte aunque no esté de acuerdo con lo que hiciste.» Una vez que se haya desembarazado de la rabia, del agravio, del miedo y de la culpa, estará dispuesto a sentir y expresar por completo el amor.

«**Quiero** estar contigo.»

«**Te quiero** por ser tan sensible.»

«**Pienso que eres** la esposa más maravillosa del mundo.»

«**Me das** tanta confianza en mí mismo.»

«**Te quiero cuando** me besas.»

«**Te quiero** por el modo en que te comportas conmigo.»

«**Me gusta** tu manera de vestirte para mí.»

«**Agradezco tanto que** quieras estar conmigo.»

«**Necesito estar** en tus brazos.»

«**Te agradezco** que me digas la verdad.»

«**Te perdono** por ser tan crítico.»

«**Comprendo que** te sientes amenazada.»

«**Gracias por** ser tan cariñosa.»

En esta sección del amor habrá que emplear decididamente expresiones de intención: «Quiero...», «Necesito...», «Te prometo...», «Sé...». Por ejemplo: «**Te quiero** tanto. **Necesito** que me quieras. **Deseo** que me ames siempre. **Trataré de ser** más comprensivo. **Me encanta** estar contigo. **Eres** tan divertido. **Creo** que tienes un gran talento. **Me gusta** que te sinceres conmigo. **Trataré** de seguir siendo sincero contigo. **Creo** que es maravilloso que estemos juntos. **Sé** que no deseas herirme. **Te perdono** por portarte mal conmigo algunas veces. **Puedes** ser tan dulce. **Te quiero** y **deseo** que me quieras. Vamos a conseguirlo».

Es posible que cuando descienda hasta la culpa y el amor, comience a sentirse airado de nuevo. Eso significa que todavía resta cierta rabia reprimida que no manifestó al principio. Empiece a expresarla por escrito y poco a poco retornará al amor. Si se siente enojado u ofendido tras haber concluido estas secciones, redacte esos sentimientos y pase de nuevo a través de los cuatro niveles, al menos con una frase en cada uno, hasta volver al amor.

Relájese plenamente en la sección del amor; no se muestre demasiado intelectual. Exprese sus sentimientos en superlativo: «Eres el mejor marido del mundo». Deje que su pareja sepa por qué la ama. Nadie se cansa de oír cuánto le aman. Jamás es redundante decir a la otra persona (madre, hija, etc.) que la quiere. Recuerde que no ha de limitarse a transmitir información, sino que debe dejar que fluyan los sentimientos. Su manifestación a través de palabras contribuirá a que discurran más libremente. Cuando el amor no es expresado de manera continua, lentamente deja de fluir. Y cuando el amor deja de fluir, usted deja de sentir.

Si escribe una carta de amor a alguien de quien no está apasionadamente enamorado, su sección del afecto será desde luego diferente. He aquí algunas expresiones de introducción para esta clase de cartas de amor:

«**Te aprecio realmente por ser** un amigo tan maravilloso...»

«**Gracias** por ayudarme...»

«**Me agradó** que me diera toda esa información.»

«**Me gusta su** sentido del humor.»

«**Cuente con mi apoyo** en lo que pretende.»

«**Comprendo** que hace cuanto puede.»

«**Usted es en realidad** un jefe maravilloso.»

«**Agradezco tanto que** seas mi hermano.»

«**Creo que usted es** un profesor espléndido.»

No trate de forzar la situación o fingir afecto en esta sección. Hay individuos que nunca le gustarán porque no tiene gran cosa en común con ellos. Pero puede escribir una carta de amor a una de esas personas si está realmente irritada con ella y, en la sección del amor, tratar de comprender su intención afectuosa y perdonarle. Intente ver si existe algo que le permita relacionarse con él. Siempre será capaz de hallar al menos cierta buena voluntad hacia un individuo. Y recuerde que lo que no es capaz de perdonar en otros, puede acabar repitiéndolo para tratar de entender su conducta.

La sección del amor de la carta correspondiente constituye una oportunidad para que redistribuya la tremenda cantidad de afecto y aprecio que guarda dentro de sí. Es operativa porque usted consagró el tiempo preciso a la manifestación de las demás capas emocionales que cubrían el amor: la ira, el agravio, el temor y la culpa. Mediante el empleo de esta potente técnica obtendrá confianza y la certeza de que bajo las emociones negativas el amor aguarda siempre a ser expresado y experimentado, y que lo único que exige es que diga la verdad completa acerca de sus sentimientos.

Muestras de cartas de amor

Quisiera incluir algunos ejemplos representativos de cartas de amor para darle una idea de lo que en realidad se trata. Son cartas auténticas de mis clientes y de las personas que han asistido a mis seminarios.

Tim y Jane

(Tim y Jane discutieron a propósito de las tareas domésticas. He aquí las cartas de amor que redactaron. Son relativamente breves.)

Querido Tim:

Eres un estúpido. ¿Qué te pasa? Estoy harta de apremiarte para que te levantes de la cama. Me exaspera tu pereza. ¿Por qué no puedes saltar de la cama, vago? Nunca servirás para nada. Cuando hay tanto que hacer, te limitas a dormir. Me saca de quicio. Y luego te enfadas conmigo por echarte de la cama. Eso me pone tan furiosa. Te odio por hacerme sentir que te acoso.

Me duele que te irrites conmigo cuando solo trato de ayudarte. Me duele que pienses que te acoso. Me duele verte tan cansado porque siempre deseo que te sientas bien. Me duele que discutamos como ahora. Me entristece que nuestros ritmos de vida sean diferentes y que tú necesites dormir más. Me da pena que nos ofendamos.

Temo que acabarás por conseguir que te acose perpetuamente. Y me asusta que dejes de quererme por culpa de eso. Temo que nos llevará un siglo poner la casa en orden porque duermes tanto. Temo que no te veré bastante en los próximos años por culpa de la escuela, del trabajo y el sueño. Temo que no serás capaz de ayudarme a cuidar del bebé porque siempre estarás demasiado cansado.

Lamento acosarte. Lamento que estés tan fatigado. Lamento tener que sacarte de la cama. Lo hago así porque te echo de menos y quiero estar contigo. Lamento que tengas que trabajar tanto y que estés tan cansado. Lamento no ayudarte más.

Tim, realmente te quiero mucho. Eres un marido maravilloso y tenemos mucho en común. Me siento afortunada por compartir mi vida contigo. Me entusiasma estar a tu lado cada día. Sé que en realidad me quieres y te preocupas por mí. Eres una persona espléndida y me enorgullezco de ti. Me encanta todo lo que has hecho en la casa. Te perdono tu cansancio. Yo también estoy fatigada. Soy tan feliz queriéndote. Gracias por ser tan bueno conmigo.

Te amo, Jane

Querida Jane:

¿Qué te sucede? ¿No puedes serenarte? ¡Siempre acosándome! ¿Por qué no reparas la cocina si te consideras tan magnífica? Te odio cuando me tratas así. No veo que te afanes en abrir agujeros ni en montar baldas. Me exaspera que te quejes. Quiero que aprecies el trabajo que hago por ti en vez de menospreciarme todo el tiempo. Lo odio.

Me molesta advertir que no soy perfecto y que cometo errores. Me irrita que pienses que no soy un marido lo bastante bueno para ti. Me exaspero cuando dices que soy perezoso. Me entristece no saber más sobre cómo arreglar las cosas en la casa. Me duele que en cuanto cometo un error te apresures a señalarlo.

Temo que seguiré equivocándome durante toda mi vida. Temo que trabajo demasiado. Temo que me consideres una especie de payaso torpe. Temo no tener tiempo suficiente para hacer lo que querría. Quiero que dispongamos de más tiempo para estar juntos y no sencillamente para trabajar o hacer reparaciones en la casa.

Lo siento, pero lo cierto es que me horroriza haberte arrojado mis frustraciones. Lamento haber perdido los estribos. Siento haberte gritado. Siento ser perezoso a veces. Lamento no saber más acerca de cómo arreglar cosas en la casa. Me avergüenza tanto perder el dominio de mí mismo.

Jane, de verdad que te quiero. No podría decirte cuánto. Sencillamente espero que veas en mi cara el amor por ti que fluye de mi corazón. Eres una esposa espléndida y me gusta vivir contigo. No puedo imaginar que otra mujer fuese más perfecta para mí. Aprecio tanto tu amor, te necesito hasta tal punto... Deseo que te sientas orgullosa de mí. Deseo que nuestra casa sea estupenda. Deseo que nuestra vida resulte maravillosa. Deseo ser un gran marido para ti. Te quiero y deseo hacerte feliz.

Con amor,

Tim

Carta de Jo Anne a su novio

Querido Frank:

Eres un estúpido que solo piensa en sí mismo. Te odio por tu forma de comportarte en la fiesta. ¿Cómo te atreviste a dejarme sola para hablar durante veinte minutos con esa mujer? Jamás me he sentido más furiosa en toda mi vida. Me pones enferma. Eres como todos los hombres que he conocido y que solo se preocupan de su enorme ego y su vida sexual. Pues ya está bien. Me exasperó verte flirtear con esa zorrita. Me enfureció advertir que estorbaría si me acercaba. Te odio por tratarme de esa manera y echar a perder mi fiesta. Y me enfurece que no le dieses importancia cuando me quejé y me hicieras sentir que estaba exagerando. Quería disfrutar contigo de esa fiesta y lo arruinaste todo.

Me siento muy ofendida por lo que hiciste. Me destrozó el corazón. Me entristeció tanto pensar que quizá te has cansado de mí. Fue horrible verte reír y bromear con ella mientras yo seguía sentada y sola. Me hiere que me rechaces. Me hiere que rehúyas nuestro amor. Me hiere que pienses que no soy bastante para ti. Anoche me sentí muy triste, tan distantes uno de otro. Quiero que estemos juntos todo el tiempo. Me ofende que concedas tanta atención a otras mujeres y que me ignores. Comprende, te lo ruego, cómo me encuentro. Necesito que me des a entender que soy alguien especial para ti.

Tengo miedo de que me dejes. Me asusta que ya no estés enamorado de mí. Tengo miedo de que otras mujeres te parezcan más atractivas que yo. Tengo miedo de mis celos y de que te enfades conmigo. Tengo miedo de no ser bastante para ti. Me asusta no saber hacer frente a la competencia de otras mujeres. Tengo miedo de que este asunto siempre surgirá entre nosotros. Tengo miedo de quedarme sola.

Lamento haberte reñido cuando regresamos a casa. Lamento no confiar ya en ti. Lamento haberme aislado y mostrarme después tan fría mientras hacíamos el amor. Lamento que discutiéramos. Lamento ser tan celosa. Sé que me quieres y que lo pasamos muy bien juntos. Lamento mostrarme a veces tan retraída en las fiestas. Supongo que me siento insegura con tanta gente alrededor.

Quiero que confíes más en mí. Deseo que seamos muy felices. Quiero que me incluyas en tus buenos momentos. Deseo amarte y conseguir que te sientas orgulloso de mí. Quiero aprender a no creerme amenazada cuando no estemos juntos.

Frank, te amo tanto. Esta es la relación más maravillosa de mi vida. Me ayudas muchísimo y creo que eres un hombre formidable. Me siento tan feliz a tu lado. Me importan tanto tu cordialidad y sensibilidad.

Me encanta vivir contigo. Me gusta tu manera de escucharme y de interesarte por lo que siento. Gracias por acceder a emplear las cartas de amor para acabar con nuestras peleas. Gracias por comprender mi sensación de inseguridad. Gracias por lograr que me crea bella. Deseo sentirme así. Te necesito tanto en mi vida. Deseo que sigamos unidos y nos queramos más cada día.

Con amor,
Jo Anne

Carta de Bonnie a su padre

NOTA: *Bonnie no entregó la primera carta a su padre. Tras escribirla, consiguió que otra persona se la leyera a ella. Luego redujo el tono en la sección de la ira y se la dio a su padre para que se la leyera a ella.*

Querido papá:

Qué estúpido eres. Nunca te he gustado. Nunca me ayudaste. Nunca me comprendiste. Has sido tan frío conmigo durante todos estos años. Me exaspera que te mostrases tan mezquino y poco cariñoso. No conozco a nadie que piense en sí mismo tanto como tú. No haces más que beber y quejarte. Me exaspera que nunca fueses una ayuda para mamá. Jamás te gustó ni la apoyaste. Y durante todos esos años vi cómo la tratabas. Me horroriza. Me siento avergonzada de ti. Y odio tu afición a la bebida. Odio tu debilidad. Te odio porque en realidad nunca fuiste mi padre.

Me duele que jamás te ocuparas de mí. Me duele que jamás me mostrases cariño. Me ofende que nunca jugases conmigo. Nunca tuve un padre. Jamás llegué en realidad a conocerte y eso me entristece mucho. Me duele pensar en todo lo que nos perdimos. Me duele pensar que te haces tanto daño y que te matas con el alcohol. Me duele sentirme tan irritada contigo. Deseo estar cerca de ti, sin ira. Deseo enorgullecerme de ti. Me duele avergonzarme de ti.

Temo que en realidad no te gusto. Temo que nunca me has querido. Temo que jamás llegaremos a intimar. Temo que nunca podré perdonarte. Y desearía hacerlo. Busco tu cariño y te acepto como eres.

Siento no haberte querido siempre. Lamento no llamarte más. Lamento haberte arrojado de mi vida. Lamento desear a veces haber tenido un padre diferente. Lamento que seas tan desventurado. Lamento no poder ayudarte. Siento que tu vida haya sido tan dura. Lamento no haber conseguido hacerte feliz. Deseo que lo seas. Quiero que dejes de beber.

Deseo que sepas cuánto te quiero en el fondo. Deseo estar más cerca de ti. Gracias por todas las cosas que hiciste por mí. Sé que lo intentaste. Sé que también fue difícil para ti. Me gusta ese aspecto divertido de tu carácter. Me gustan los momentos en que estamos unidos. Significa tanto tu amor para mí. Deseo que nos queramos y seamos amigos. Deseo que seas feliz. Eres tan importante para mí.

Con amor,
BONNIE

Cartas infantiles de amor

Papá:

Me pones furioso. Me da rabia que grites a mamá. Me enfurezco cuando no quieres venir a verme. Me entristece que no te sientas orgulloso de lo que quiero ser de mayor. Me entristece que ya no vivas aquí. Temo que ya no me quieres de verdad. Temo que no pareces orgulloso de mí. Lamento que fumes. ¡Te quiero muchísimo!

Con amor,
POLLYANNA (10 años)

Querida mamá:

Me da rabia cuando hablas de mí a tus amigas. Me molesta. Me entristece que me pongas en esa situación. Una vez te dije un secreto y lo contaste a otra persona. Lamento que ahora no quiera decirte mis cosas. Te quiero mucho. Pregúntame, por favor, antes de hablar de mí a otros.

Con cariño,
MATT (13 años)

Querida mamá:

Me pareció muy mal que me pegases. Me pongo triste cuando me gritas. Me asusta que me chilles y te enfades conmigo. Siento no haberte obedecido. Te quiero porque eres muy especial.

Con cariño,
ARI (9 años)

Diríjase una carta de amor

Un medio maravilloso de motivación consiste en dirigirse a sí mismo una carta de amor. En vez de rebajarse, criticar sus propias acciones o abandonarse a la depresión, escríbase una carta de amor, empezando con la rabia hasta descender al afecto. De esa manera no permanecerá atascado en los sentimientos negativos que pueden paralizarle y en consecuencia determinar que las cosas sean todavía peor.

Querida Mary:

Realmente me abrumas. Me exaspera que concedas tanta importancia a los demás. Me irrita que todavía pienses que no puedes pedir ayuda, que no la mereces, que lo que te suceda carece de relevancia. Pero ¿qué te pasa? ¿Crees que solo llamarás la atención cuando sufras un gran trauma?

Me entristece que no te quieras lo suficiente como para saber que mereces atención y cariño simplemente por ser tú. Me duele que no los solicites. Me duele que temas pedirlos. Es lamentable ver que te comportas como si fueses un niña desvalida.

Temo que nunca llegarás a saber hasta qué punto mereces atención y cariño. Temo que siempre te sentirás demasiado culpable si solicitas apoyo. Temo que tendrás que montar un drama para pedir ayuda y que luego te considerarás culpable por eso.

Lamento que no sepas quererte con mayor facilidad. Lamento que sigas considerándote una niña pequeña que no merece atención.

Realmente mereces cariño y atención. Deseo que pidas lo que quieras y que expreses tus sentimientos acerca del modo en que te encuentras. Deseo que te quieras lo bastante para no sentirte culpable cuando obtengas atención y un trato especial. Eres por completo digna de ese trato y también mereces cariño. Dulce y generosa, ayudas a muchas personas pero requieres y mereces también un tiempo para ti. Deseo que solicites lo que quieras y necesitas y que esa acción te parezca normal. Te quiero. Eres afectuosa y lo mereces.

Con cariño,

MARY

9

El amor no es suficiente

Enamorarse constituye una experiencia irresistible. La primera vez que sucede todo parece fácil y resulta muy duro imaginar que no siempre se sentirá lo mismo.

Pero el amor no es suficiente para mantener en marcha una relación. Las flechas de Cupido pueden aportarle una noche, una semana o un mes maravilloso con la persona a quien ama, pero hace falta mucho más que el amor para que una relación se prolongue durante toda la vida.

Las flechas de Cupido pueden aportarle una noche maravillosa, pero no bastan para mantener en marcha una relación.

*Para que una relación perdure, amor
y compatibilidad han de ir emparejados.*

Si dos personas no resultan compatibles, su relación está destinada a perecer. Amor y compatibilidad han de hallarse presentes para que una relación opere y siga funcionando. En la orientación a parejas he descubierto que del 10 al 20 por ciento de los matrimonios son desde el principio incompatibles. En tales casos, los dos cónyuges nunca analizaron lo suficiente sus semejanzas y diferencias para decidir si podrían o no vivir juntos en paz y armonía.

La sensación de una necesidad mutua crea en una relación pasión y atracción.

Cuando su pareja y usted se desarrollen en la misma dirección y compartan una visión común respecto de los dos y de la relación, se complementarán de un modo natural. Se necesitarán el uno al otro en su progreso individual y para completar el conjunto. En una relación la sensación de una necesidad mutua crea pasión y atracción. El calor inicial de un amor apasionado resulta tentador, pero para que la relación sobreviva tiene que hallarse basada en una necesidad mutua.

El amor no es suficiente. Si dos personas no caminan en la misma dirección y progresan juntas, su cariño se hará pedazos.

La compatibilidad supone que su pareja y usted tengan sueños y objetivos similares y que coincidan en las maneras de alcanzar tales metas, tanto por separado como unidos. Significa que el modo en que usted disfrute de la existencia es muy semejante al de su pareja. Cada relación ha de servir a un propósito y poseer una orientación. Si dos personas no caminan en la misma dirección y progresan juntas, su cariño se hará pedazos.

La compatibilidad no significa que su pareja y usted sean exactamente iguales. Las diferencias crean atracción y si los dos miembros de una relación fuesen idénticos, pronto se tornaría tediosa. Pero cuando las diferencias son demasiado grandes suscitan conflicto y tensión en vez de estímulo y equilibrio.

Si su pareja fuese exactamente como usted, resultaría muy aburrido. Las diferencias crean atracción.

En sí mismo, el amor no es suficiente. El amor, la compatibilidad y la pericia constituyen los ingredientes esenciales para lograr que funcionen las relaciones.

Haga una lista de lo que desea en una relación y una pareja y pida a esta que realice otro tanto. Comparen luego las listas y cerciórense de que sus objetivos son o pueden ser compatibles. Si en la mayor parte de las cuestiones existe una compatibilidad entre ambos, eso puede significar un buen comienzo.

Pero incluso con amor y compatibilidad es posible que su relación no funcione si carece de un ingrediente esencial, las herramientas y las técnicas para resolver día tras día conflictos y tensiones. Utilizando las técnicas expuestas en la sección anterior, será capaz de evitar que en su relación se acumule la tensión emocional y mate el cariño.

También reviste importancia planificar un tiempo para la intimidad en su relación, como haría cuando se trata del trabajo o el ejercicio físico. Le sugiero que establezca al menos tres períodos semanales para lo que denomino «Intimidad planificada». Constituye una ocasión destinada a compartir sentimientos, hablar, amarse (sin expectativas sexuales específicas). Es un tiempo consagrado a su pareja y a usted mismo, sin interrupciones. Si organiza esos espacios para su relación, tendrá la seguridad de que se conserva sana y se desarrolla.

La planificación de períodos de intimidad es tan importante como fijar unas horas para el trabajo y el ocio.

*Los seres humanos no expresan sus deseos y sentimientos
y luego esperan que su pareja haga exactamente lo que ellos quieren.*

10

Pida lo que desee

A algunas personas les cuesta trabajo pedir lo que quieren en una relación. Piensan: «Si mi pareja me ama verdaderamente, sabrá qué tiene que hacer». NO espere a que esa persona sepa lo que le sucede por dentro o a que lea su pensamiento. Dígale lo que desea y no olvide preguntar lo que a su vez quiere de usted. Si no obtiene lo que pretende, empiece por declararlo y no lo manifieste cuando haya pasado la ocasión. Mantener secretas sus aspiraciones es un medio seguro de acumular resentimientos y agravios entre los dos miembros de una relación.

No siempre será posible que su pareja y usted obtengan en una relación todo lo que anhelan, pero si son compatibles podrán actuar de modo que ambos queden satisfechos. Pida lo que desee y muéstrese dispuesto a la transacción para que ambos vean colmadas sus necesidades. De esta manera los dos ganarán y nadie perderá.

Si no consigue lo que desea, dígaselo a su pareja, pero antes y no después de que pase la ocasión.

En una relación, solicite lo que desea y muéstrese dispuesto a una transacción para que ambos queden satisfechos.

BARCA DEL AMOR

Eso parece un cebo.

Cocinas tan bien.

No es preciso que espere cumplidos ni trate de conseguirlos.
Si no obtiene el amor que desea, pídalo.

Tal vez en ocasiones considera que su pareja no le aprecia. Algunas personas deciden que de no obtener cariño suficiente, lo mejor sería alejarse antes que pedirlo. Se dicen: «No deseo implorar amor». Solicitar lo que uno quiere no es suplicar. Si no obtiene el amor y el aprecio que anhela, tiene la responsabilidad de requerirlos. Debe suponer que su pareja desea ayudarle y que solo precisa cierta orientación de su parte. No es preciso que espere cumplidos ni trate de conseguirlos. Usted merece aprecio.

Dediquen unos momentos al final de cada día a apreciar mutuamente lo que hayan hecho. Díganse por turnos: «Algo que estimo en ti es...». Logre que su pareja sepa algunas de las cosas por las que usted considera que debe ser apreciado, declarando: «Algo por lo que deberías estimarme es...».

Recuerde que el aprecio es una vía de doble sentido. Si aguarda de su pareja (o de un amigo) la expresión de su aprecio, pregúntese si ha hecho otro tanto por ella o por él. El aprecio es contagioso. Cuanta más gratitud manifieste a otros, más seguros se sentirán para declararle la suya. Diga a su pareja *por qué* y no simplemente *que* la quiere. Nadie se cansa de escuchar las razones por las que es amado. Sea específico, el amor condicional proporciona una significación al cariño y lo personaliza.

Diga a su pareja por qué y no simplemente que la quiere.
El amor condicional proporciona una significación
al cariño y lo personaliza.

Muchas personas confunden la sumisión con el amor.
Un medio infalible de matar el amor en una relación
consiste en sacrificar sus deseos.

Muchas personas confunden la sumisión con el amor: «Si ella me quiere, hará cuanto yo desee», o «Lo haré porque te quiero, aunque en realidad no deseo hacerlo». Un medio infalible de matar el amor en una relación consiste en sacrificar sus deseos para ser amado por otra persona. Cuando deja de preocuparse de sí mismo y de sus necesidades, ya no son dos los miembros de una relación. Desde luego, resulta difícil interesarse por quien no es nadie.

Amar a otra persona no significa hacerla más importante que uno mismo. Nada hay más tedioso que formar parte de una relación con alguien que se considera carente de una propia valía. Se equivoca si piensa que impresionará a su pareja tratándola como si fuese mejor que usted. Si se interesa más por ella que por sí mismo, un día descubrirá que su pareja también comienza a ocuparse solo de su propia persona.

No soy nada comparado contigo. Todo lo tuyo es mejor que lo mío. Tus deseos son órdenes para mí. Te quiero aunque me ignores.

Amar a otra persona no significa hacerla más importante que uno mismo.

*Para perdurar, el amor requiere una atención por igual,
primero a sí mismo y luego a su pareja.*

Para perdurar, el amor requiere una atención por igual, primero a sí mismo y luego a su pareja. Si se ocupa de sí mismo y de sus necesidades, su pareja tendrá una oportunidad de quererle y ayudarle.

Algunas personas se sacrifican en sus relaciones, asumiendo todas las tareas y los deberes, sin permitir que su pareja sepa lo duro que trabajan y luego lamentan en silencio su suerte. Si usted corresponde a esta categoría, trate de organizar unas reuniones familiares donde se redacte la lista de las tareas y los deberes que es preciso llevar a cabo. Señale qué y cuánto es lo que usted suele hacer, deje que los demás presentes opten por lo que más les guste y distribuya luego las restantes obligaciones. Si hay una tarea que a nadie le gusta acometer, relévense en su desempeño o contraten a otra persona para que la lleve a cabo. De esta manera nadie considerará una realización como llovida del cielo y usted descubrirá que recibe mayor aprecio.

Cuando comparta su lista de tareas nadie considerará la realización de una tarea como llovida del cielo y usted descubrirá que recibe mayor aprecio.

Mira, sabes que nunca decimos la palabra «odio». Tenemos que ser siempre cordiales y afectuosos.

PARQUE FELIZ

Odio a esos matones. ¡Dieron patadas a Spot!

Para la mayoría de las personas cordiales, «odio» es una palabra malsonante. El odio no expresado conducirá a una incapacidad para sentir amor.

11

El amor no significa ser siempre cordial

Amar a una persona no supone estar siempre de acuerdo o satisfecho con ella. No significa que le guste todo lo que haga o deje de hacer. Nadie es perfecto. Siempre que a usted le agrade una persona, habrá algunas cosas en ella que le disgusten. Y si realmente quiere a alguien, es inevitable que a veces no solo no le guste lo que hace, sino que lo odie.

Para la mayoría de los seres humanos, la palabra «odio» es malsonante. Es como si fuese tabú sentir odio hacia su pareja. ¡Eso solo se permite durante los trámites del divorcio!

El odio constituye en realidad un síntoma de amor obstruido. Cuando quiere a alguien y esa persona hace algo que a usted le resulta difícil amar y aceptar, la reacción natural consiste en odiar dicha conducta. Desea cambiar a esa persona para poder amarla de nuevo.

Todo resentimiento culmina en el odio. Si no se autoriza a expresarlo de las maneras apropiadas, su odio quedará reprimido y ahogará al mismo tiempo su capacidad para amar plenamente.

Cuando es incapaz de compartir y expresar sus sentimientos negativos, estos se acumulan y desorbitan. Asimismo, puede que se esfuerce por reprimirlos y que llegue a considerarlos olvidados. Quizá los olvide, pero todavía ejercen un efecto: estará condenado a reaccionar emocionalmente en sus relaciones de forma exagerada.

No me gusta ese ruido.

pom pom

Realmente no puedo concentrarme.

pom pom

Aquí nadie me respeta.

pom pom

Odio este libro y odio ese ruido.

pom pom

Os odio a todos.

Cuando es incapaz de compartir, expresar y resolver sus sentimientos negativos, estos se acumulan y desorbitan.

16.30 horas

¡Póngase a trabajar y deje de perder el tiempo!

Sí, señor, lo que usted diga.

18.00 horas

Ponte a trabajar. Quiero mi cena.

Sí, querido, lo que tú digas.

19.30 horas

¡Ponte a trabajar! Quiero que arregles esta habitación.

Sí, mamá, lo que tú digas.

20.00 horas

¡Ponte a trabajar! Quiero que vigiles el jardín.

20.30 horas

El dueño de Spot tiene que haber pasado un mal día en la oficina.

Grr, grr, grr.

La rabia reprimida es contagiosa; pasa de una persona a otra.

No es muy difícil disolver los sentimientos negativos. Lo único que necesita hacer es decir la verdad **completa** al respecto. Muchas personas se esfuerzan en la tarea y descubren que no tienen éxito porque cuando se muestran airadas, su pareja les responde asimismo con rabia. Cuando la ira va y viene, es aún más difícil desembarazarse de los sentimientos negativos y encontrar el amor y el perdón.

La solución es sencilla pero enérgica. Siempre que comience a advertir su resentimiento, escriba una carta de amor a su pareja, siguiendo las instrucciones formuladas en el capítulo 8. Exprese toda su ira y resentimiento, desplazándose a través del agravio, el miedo y la culpa; emergerá milagrosamente un nuevo estallido de amor y podrá perdonar de verdad a su pareja y sentirse de nuevo enamorado.

Perdonar a una persona no significa estar de acuerdo con su conducta. Perdonar es disolver su resistencia emocional para que su amor fluya tan libremente como antes. Perdonar significa **otorgar** su amor como **antes**.

La ira reprimida es contagiosa y la mayoría de las familias actuales padecen esta epidemia. La rabia inexpresada suele ma-

Los vaivenes de la rabia solo conducen a empeorar las cosas.

nifestarse a través de nuestra conducta. Es posible que acabe haciendo objeto de su frustración a cualquier persona inocente, o a su mujer y a sus hijos y que ellos la transmitan. Tratar de mostrarse cordial y amable, ocultando sus sentimientos negativos, solo le conducirá a acumularlos hasta que estalle irracionalmente o se vuelva tan reprimido que embote su capacidad para sentir emociones positivas.

Perdonar no supone aceptar la conducta del otro.

Perdonar es otorgar su amor como antes.

Cuando exprese sus emociones negativas, llegará naturalmente a una sensación de perdón. Este constituye una aceptación emocional de lo que ha sucedido. Ahora puede actuar para impedir su repetición. Es una voluntad de desembarazarse de lo que ha pasado y de encontrar de nuevo el amor, sin olvidar nada pero expresando el resentimiento para que se disuelva la tensión emocional y manifestar después su voluntad de perdonar.

El proceso de liberación de sus sentimientos negativos y del logro de un auténtico estado de amor y perdón es esencial para su desarrollo personal. Cuando deja de querer, es usted quien más sufre. Cuando se aferra a la rabia y el resentimiento, es usted quien echa de menos el amor. Cuando se halla dispuesto a operar a través de sus emociones negativas hasta descender a su voluntad de amar, usted es el único que gana.

Cuando deja de querer, es usted quien sufre.

Al autorizarse a sentir y curar su odio y sus emociones negativas, puede fluir de nuevo por dentro el amor obstruido. La expresión de sentimientos negativos que sobreviene en una relación no es un signo de debilidad o de fracaso; se trata, al contrario, de un indicio de la fuerza con que se compromete a disolver cualesquiera emociones negativas que surjan en todo momento en el camino de su sensación del amor.

Antes de abandonar una relación, conceda a su pareja una oportunidad de actuar para mejorarla.

12

Ruptura del amor

Cuando pretendemos abandonar a una persona, a menudo comenzamos por reunir pruebas que justifiquen nuestra partida. Elaboramos una lista mental de los «delitos» de la pareja y un día saltamos: «Aquí están las pruebas. Eres mala. He sido explotado y, por tanto, tengo motivo para abandonarte».

Antes de concluir una relación es importante acabar con la acumulación de emociones negativas hacia su pareja y sentir de nuevo amor y gratitud. Cuando el amor queda reprimido en una relación por obra de la ausencia continuada de comunicación, acabará por sentir menos cariño hacia su pareja. Pero sin explorar las razones que en un principio les unieron no es posible saber si a ambos les conviene la desaparición de ese amor.

No es preciso que deje de querer a su pareja para abandonarla. Si es sincero consigo mismo y ha resuelto sus resentimientos hacia ella, siempre sentirá cariño por su pareja.

Si ha pensado en dejarla, adviértaselo de antemano. Bríndele una oportunidad de trabajar con usted en beneficio de la relación. Dígale lo que desea y no consigue e indíquele el punto más allá del cual no pasará.

En muchas ocasiones, y con objeto de poner fin a una relación, empezamos a reunir pruebas que justifiquen la fase: «Adiós, ya no te quiero».

Cuando abandona a su pareja sin resolver sus sentimientos, es posible que se los lleve a la siguiente relación.

Trabajen juntos en la expresión y liberación de sus sentimientos reprimidos de ira, agravio, temor y culpa. Al revelar toda la verdad acerca de sus emociones, pueden restablecer contacto con su amor. Eso no supone que tengan que seguir unidos; significa que si usted quiere partir, podrá separarse amistosamente y sin animosidad.

Es posible amar a una persona y decir «no», simplemente porque en el fondo de su corazón sabe que no le conviene. O quizá le sorprenda advertir que, una vez resueltos algunos de sus sentimientos negativos, comienza a sentir de nuevo esperanza y un deseo renovado de tratar de que la relación funcione. La mayoría de las parejas que se desintegran aún conservan un gran potencial para una relación eficaz, pero su amor se halla enterrado bajo años de ira y agravio reprimidos que requieren ser curados.

Abandonar a su pareja cuando aún permanecen irresueltos sus sentimientos de agravio e ira puede ser muy peligroso (a menos, desde luego, que esa otra persona sea realmente horrible). Suele suceder, por lo general, que traslade a su siguiente relación esos sentimientos acumulados y que pronto empiecen a afectarla. En poco tiempo se encontrará con un desastre semejante al que dejó atrás.

Todas sus relaciones fallidas constituyen oportunidades de oro para aprender de lo sucedido. Resulta importante sacar partido de los errores del pasado con el fin de evitar que se repitan. En vez de censurar a sus anteriores parejas por sus errores, examine lo que ambos hicieron mal para impedir la repetición de esos fallos en su siguiente relación.

Es importante sacar partido de los errores del pasado con el fin de evitar que se repitan.

Estoy harto y cansado de este viejo camino. ¡Merezco algo mejor! Quizá sea más conveniente seguir la vía de la verdad.

VISITE LA CIUDAD VIEJA
Segura, cómoda, gris y aburrida

CAMINO VIEJO

Aplausos

A la ciudad de la verdad

Convierta su compromiso con la verdad en un giro decisivo en su existencia.

13

El don del amor

La resolución del misterio del amor puede ser la aventura más apasionante de su vida. Exige la voluntad de permanecer en contacto con sus sentimientos y manifestar a otros y a usted mismo la verdad completa acerca de ellos. Convierta su compromiso con la verdad en un giro decisivo en su existencia.

Cuanto más exprese la verdad en su vida, mejor aprenderá a confiar y complacerse en sus sentimientos. Con la práctica, podrá aprender a deslizarse sobre las olas de los sentimientos sin sentir trastorno alguno ni necesitar la supresión de cualquiera de sus emociones.

Con la práctica, podrá aprender a deslizarse sobre las olas de
los sentimientos sin sentir trastorno alguno
ni necesitar suprimirlos.

El empleo regular de las técnicas del CORAZÓN *le ayudará a resolver el misterio del amor.*

No digo que vaya a ser fácil. En ocasiones todavía surgirán en su relación la tensión y los conflictos. Sin embargo, ahora dispone de la fórmula para ayudarle a desembarazarse de esas emociones desagradables y recuperar el amor.

Confío en que haga un buen uso de las técnicas que aparecen en este libro. Recuerde que no funcionarán si no las utiliza. ¡El tiempo y la energía que invierta en su manejo de las técnicas del CORAZÓN le proporcionarán un incremento de la armonía, la paz y la alegría que sienta en sus relaciones!

Su capacidad para amar es el don más preciado que posee. No lo desaproveche. Emplee cada momento de su existencia como una oportunidad para dar y recibir amor. Pronto advertirá que la vida deja de ser una lucha. Cuando su corazón rebose amor, la existencia se convertirá en unas vacaciones.

El amor puede actuar si conoce cómo impulsarlo, y ahora lo sabe. Comparta sus nuevos conocimientos con los seres por los que se interesa. Dedíquese a lograr que el amor opere en su vida y en el mundo y resultarán incalculables sus beneficios para usted mismo y para las personas a las que quiere.

Cuando su corazón rebose amor, la existencia se convertirá en unas espléndidas vacaciones.

ESTE LIBRO HA SIDO IMPRESO
EN LOS TALLERES DE
A&M GRÀFIC, S. L.
SANTA PERPÈTUA DE MOGODA (BARCELONA)